www.ingramcontent.com/pod-product-compliance
Lightning Source LLC
LaVergne TN
LVHW010603070526
838199LV00063BA/5063
* 9 7 8 9 3 5 8 7 2 3 2 7 4 *

ڈاکٹر زور: ادیب دانشور اور مفکر

(ماہنامہ 'سب رس' حیدرآباد
کا خصوصی شمارہ / ستمبر ۲۰۲۲ء: 'ڈاکٹر زور نمبر')

مرتبہ:

ادارۂ ادبیاتِ اردو

© Idara-e-Adabiyat-e-Urdu

Dr. Zore : Adeeb Danishvar aur Mufakkir

Edited by: Idara-e-Adabiyat-e-Urdu
Edition: October '2023
Publisher:
Taemeer Publications LLC (Michigan, USA / Hyderabad, India)

ISBN 978-93-5872-327-4

مرتب کی پیشگی اجازت کے بغیر اس کتاب کا کوئی بھی حصہ کسی بھی شکل میں بشمول ویب سائٹ پر اپ لوڈنگ کے لیے استعمال نہ کیا جائے۔ نیز اس کتاب پر کسی بھی قسم کے تنازع کو نمٹانے کا اختیار صرف حیدر آباد (تلنگانہ) کی عدلیہ کو ہو گا۔

© ادارۂ ادبیاتِ اردو

کتاب	:	**ڈاکٹر زور - ادیب دانشور اور مفکر**
مرتب	:	**ادارۂ ادبیاتِ اردو**
صنف	:	تحقیق و تنقید
ناشر	:	تعمیر پبلی کیشنز (حیدر آباد، انڈیا)
سالِ اشاعت	:	۲۰۲۳ء
صفحات	:	۸۲
سرورق ڈیزائن	:	تعمیر ویب ڈیزائن

ڈاکٹر زور: ادیب دانشور اور مفکر 5 ادارۂ ادبیاتِ اردو

فہرست

تعارف

پروفیسر ایس۔اے۔شکور 6

مضامین

ہندوستانی صوتیات	پروفیسر اشرف رفیع	7
ڈاکٹر زورؔ کی تصنیف ''دکنی ادب کی تاریخ''	پروفیسر حبیب نثار	12
ڈاکٹر محی الدین قادری زورؔ اور ماہنامہ سب رس	پروفیسر سید فضل اللہ مکرم	16
''یادیں'' (جو زور صدی پر پڑھی گئیں)	تسنیم زور	20
ڈاکٹر محی الدین قادری زورؔ حیات وخدمات	ڈاکٹر صابر علی سیوانی	25
ڈاکٹر سید محی الدین قادری زورؔ۔بحیثیت سماجی مفکر	ڈاکٹر زرینہ پروین	36
ڈاکٹر زورؔ اور ادارہ ءادبیاتِ اُردو بہ یک نظر	ڈاکٹر محمد جعفر جری	40
ڈاکٹر سید محی الدین قادری زورؔ دکنی تہذیب کے علمبردار	ڈاکٹر محمد ابرار الباقی	45
اے وادئ کشمیر بتا! زور کہاں ہے؟	ڈاکٹر رفیعہ سلیم	51
ڈاکٹر سید محی الدین قادری زورؔ کی کتاب '' فنِ تقریر'': ایک مطالعہ	ڈاکٹر محمد طیب علی	56
ادارۂ ادبیات اردو آرکائیوز (مخطوطات) سے متعلق دکنی ادب کی فنی تہذیبی تاریخ تحفظ اور ڈاکٹر زورؔ	ڈاکٹر سارہ وحید ڈاکٹر یامنی کرشنا	60
انگریزی شعراء میں ڈاکٹر زور کے تصورات کی بازگشت اور گولکنڈہ کے ہیرے	ڈاکٹر میتھلی مراٹ انوپ	64
ڈاکٹر زورؔ یوروپ میں	نمرتا۔بی۔کنچن	69
ڈاکٹر سید محی الدین قادری زورؔ کے شعری تنقیدی نمونوں کا تجزیاتی مطالعہ	نظیر احمد گنائی	71

رپورتاژ

ڈاکٹر زورؔ ادبی وسماجی خدمات کے آئینہ میں	ڈاکٹر ناظم علی	79

تعارف

ادارۂ ادبیات اردو اور ماہنامہ 'سب رس' کے بانی پروفیسر سید محی الدین قادری زورؔ ۲۵ دسمبر ۱۹۰۵ء کو حیدرآباد کے ایک ممتاز ادبی، مذہبی اور علمی خاندان میں پیدا ہوئے اور ۲۴ ستمبر ۱۹۶۲ء کو خالقِ حقیقی سے جا ملے۔ انھوں نے صرف ۵۷ سال کی عمر پائی۔ اس مختصر سی حیات میں جو بیش بہا کارنامے انھوں نے انجام دیئے ہیں، ۸۴ سال سے جاری رسالہ 'سب رس' اس قدر طویل مدت میں بھی ان کے لافانی کاموں کا مکمل طور پر احاطہ نہ کرسکا! ہمیشہ احساس رہا کہ زور صاحب کے کثیر جہت لامتناہی کاموں کا تذکرہ تمام تر مساعی کے باوجود تشنہ ہے۔ زور صاحب سے قربت رکھنے والوں میں جس نے بھی ان پر لکھا، اپنے انداز اور اپنے روابط کے مطابق لکھا اور اپنے تجربات بیان کیے۔ ان نگارشات پر غور کیجئے تو احساس ہوگا کہ ان کی بوقلموں حیات کے کسی بھی ایک پہلو پر حسب دل خواہ سیر حاصل گفتگو نہیں ہو پائی۔ یہی وجہ ہے کہ 'سب رس' نے زور صاحب پر کئی خصوصی نمبر شائع کیے اور عام شماروں میں بھی ان پر کچھ نہ کچھ شائع ہوتا رہا لیکن ہمیشہ پیش نظر رہا کہ ان کی گوناگوں شخصیت اور ان کے تحقیقی، تخلیقی، تاریخی اور نت نئے ادبی، سماجی کارناموں پر تسکین بخش کام باقی ہے! یہی وجہ ہے کہ ہم اس مہینے ڈاکٹر زور پر ایک اور خصوصی شمارہ شائع کر رہے ہیں۔ ڈاکٹر زور کا مطالعہ بے حد وسیع تھا۔ طالب علمی کے دور میں ہی انھوں نے کئی اہم کتابیں جمع کر لی تھیں۔ ایم۔اے (اردو) امتحان کی کامیابی سے قبل وہ تصنیف و تالیف میں مصروف ہو گئے تھے اور ان کی دو کتابیں شائع ہو گئی تھیں۔ ایم۔اے کی تکمیل کے ساتھ ہی تنقیدی مقالات شائع ہوئی اور اعلیٰ تعلیم کے حصول کے لیے لندن گئے تو وہاں لائبریریوں کو کھنگال کر ڈھیر سارا مواد جمع کیا۔

۱۹۲۹ء میں پی ایچ۔ڈی کی ڈگری لے کر لوٹے۔ اور تین مہینوں میں ایک ضخیم کتاب ''اردو شہ پارے'' شائع کی اور پھر ایک سال کے لیے لندن و پیرس کے لیے روانہ ہوگئے۔ پیرس میں ایک نئے اور اچھوتے موضوع لسانیات پر کام کیا۔ لسانیات کی دو کتابیں ''ہندوستانی فونی ٹکس (۱۹۳۰ء) انگریزی میں اور ہندوستانی لسانیات (۱۹۳۲ء) اردو میں شائع ہوئیں۔ اردو والوں میں انھیں اولین ماہر لسانیات کا درجہ حاصل ہے۔ بعد میں انھوں نے دکنیات پر زیادہ توجہ مرکوز کی۔ ۵۷ سال کی تکمیل پر زور صاحب کی ۵۸ کتابیں شائع ہوئیں۔ وہ دراصل سوتے کم اور جاگتے زیادہ تھے کہتے ہیں کہ وقفہ وقفہ سے جاگتے تھے اور جب نیند سے بیدار ہوتے تو ان کے سرہانے ایک تصنیف کا مسودہ تیار رہتا تھا۔

ڈاکٹر زور علمی ہی نہیں عملی انسان بھی تھے۔ قدرت نے تنظیمی صلاحیتوں سے نوازا تھا۔ اکثر لوگوں کے بارے میں کہا جاتا ہے کہ وہ اپنی ذات میں ایک ادارہ تھے۔ لیکن یہ بات صرف زور صاحب جیسی شخصیتوں کو زیب دیتی ہے۔ ہمیشہ انھیں نئے نئے منصوبے سوجھتے تھے۔ عادل شاہی اور قطب شاہی سلاطین اور اس دور کی ادبی روایات کے علاوہ ان کی شخصی زندگیوں پر ان کی گہری نظر تھی۔ اسی بنیاد پر دو منفرد افسانوی نوعیت کی تصانیف 'سیر گولکنڈہ' اور 'گولکنڈے کے ہیرے' انھوں نے شائع کروائیں جس کے بے شمار ایڈیشن بھی نکلے سرسری مطالعہ کے طور پر تعلیمی نصاب میں بھی یہ کتب شریک تھیں۔ بھاگ متی اور محمد قلی کے عشق کی کہانی بہت مشہور ہوئی۔ محکمہ سیاحت نے اس کہانی کو اپنے کتابچوں میں شریک کیا تھا۔ محمد قلی کو مشترکہ تہذیب کے ہیرو کے طور پر ڈاکٹر زور صاحب نے پیش کیا اور اپنے زور بیان سے اسے تاریخ کا ایک حصہ بنا دیا۔ محمد قلی کی برسی کے موقع پر بہت بڑے پیمانے پر ادارۂ ادبیات اردو کی جانب سے ''یوم محمد قلی'' کا انعقاد عمل میں آنے لگا۔ آندھرا پردیش کی تشکیل کے بعد اس ریاست کی جغرافیائی حدوں کو زور صاحب نے قطب شاہی سلطنت کے عین مساوی قرار دیا تھا۔ جس پر آندھرائی سیاست دانوں نے خوشی کا اظہار کیا تھا۔ انھوں نے محمد قلی کے اردو کلام کا تلگو میں ترجمہ کروایا۔ لیکن افسوس ہے کہ محمد قلی کا تلگو کلام بازیافت نہ ہو سکا۔

ہمارا خیال ہے کہ زور صاحب پر آئندہ کبھی کوئی سمینار ہو تو ان کی زندگی اور ادبی کارناموں کے اچھوتے پہلو تلاش کیے جائیں پھر ان پر سیر حاصل گفتگو ہو مگر اس میں لگتی ہے محنت زیادہ.........!

پروفیسر ایس۔اے۔شکور

ہندوستانی صوتیات

مضمون ____________________ پروفیسر اشرف رفیع

ڈاکٹر زور کی ہمہ جہتی شخصیت کا ہر پہلو بڑا تابناک رہا ہے۔ وہ نہ صرف دکن کے لیے منارۂ نور تھے بلکہ دنیائے لسان وادب کے لیے آج بھی ان کے کارنامے مشعلِ راہ ہیں۔ ان کی شخصیت کے بعض پہلوؤں کی طرف زمانے نے زیادہ توجہ صرف کی۔ نقادوں نے ان کو بحیثیت محقق، مرتب، مورخ اور ماہر دکنیات جانچا پرکھا اور ان کے کام کی تحسین وتنقید بھی کی ہے۔ تاہم ان کی ادبی اور علمی شخصیت کا وہ پہلو جس میں وہ بہ یک وقت محقق، نقاد، ماہر دکنیات، مورخ اور مرتب بن کر سامنے آتے ہیں اور اس خاص میدان میں اپنی اولیت منواتے ہیں وہ ہے ان کی لسانی خدمات جن کی طرف بہت ہی کم توجہ ہوئی ہے۔ ہماری کم توجہی سے ان کے مقام ومرتبہ پر تو کوئی اثر نہیں پڑ سکتا بلکہ ہماری سائنٹفک بصیرت اور علمی آگہی پر ضرور حرف آ سکتا ہے۔

ڈاکرٹ زور کے جس علمی کارنامے کا یہاں تعارف پیش کیا جا رہا ہے۔ وہ ان کی زندگی کے تیسرے دہے کا کارنامہ ہے۔ یعنی اس صدی کے تیسرے دہے میں ان کی علمی شخصیت کھل کر ہمارے سامنے آتی ہے۔ چوتھے دہے کے وسط میں ان کا ذہن اور ان کی زندگی کا نصب العین واضح ہونے لگتا ہے۔ ۱۹۲۵ء (جب کہ انھوں نے جامعہ عثمانیہ سے بی۔اے کیا تھا) سے ۱۹۳۵ء تک ان کی زندگی کا یہ دور مصروف ترین اور نتائج خیز لمحات کا حامل رہا ہے۔ اس دہے میں انھوں نے ایم۔اے کیا (اگست ۱۹۲۷ء) اور ریاست حیدرآباد کے تعلیمی وظیفہ پر لندن میں اپنی تعلیم وتحقیق کی تکمیل کی۔ وہاں سے واپسی (۲۴ر فروری ۱۹۳۱ء) شعبہ اردو عثمانیہ یونیورسٹی میں ریڈر مقرر ہوئے۔ اس عرصہ میں ایک انداز کے مطابق کم وبیش دس کتابیں اور پچاس سے زیادہ مضامین لکھے۔ ۱۹۲۷ء سے ۱۹۳۱ء کے آغاز تک وہ یورپ میں رہے اور اپنے چار سالہ قیام کے دوران انھوں نے لسانیات میں دو اہم تصانیف پیش کیں۔ ۱۹۲۷ء میں ''اردو کا آغاز وارتقاء'' لندن یونیورٹی میں لسانیاتی پہلوؤں پر علمی اور تحقیقی کام بہت کم ہوا تھا۔ اور جو کچھ ہوا تھا وہ دوسری زبانوں کے متعلق دیگر زبانوں میں تھا ڈاکٹر زور کو اس بات کا شدید احساس تھا کہ اردو والے اردو زبان کے آغاز اور اس کے تاریخی ارتقا کے بارے میں اس وقت تک کسی نتیجہ پر نہیں پہنچ سکے اور نہ اپنی زبان کے سائنٹفک معاملہ کی طرف توجہ کی۔ جو چند تحریریں اس وقت تک ملتی تھیں ان میں اردو کا آغاز اور اس کی لسانی خصوصیات کے متعلق بیشتر سطحی اور غیر مدلل بلکہ جذباتی باتیں تھیں جنھیں جدید علمی تحقیقات کی رو سے زیادہ وقیع نہیں سمجھا جا سکتا تھا۔ اس کمی کو دور کرنے اور اردو زبان کے مطالعے کو سائنٹفک بنانے کے لیے ڈاکٹر زور نے قیام یورپ کے زمانے میں لسانیات کے جدید اصول اور اطلاقی لسانیات سے واقفیت بڑھانے کی زیادہ سے زیادہ کوشش کی۔ اس مقصد کے لیے اسکول آف اورینٹل اسٹیڈیز لندن میں پروفیسر آر ایل ٹرنز اور ماہر اردو زبان وادب ڈاکٹر گراہم بیلی کی مدد اور مشوروں کے بعد ''اردو کا آغاز وارتقاء'' کے موضوع پر مقالہ لکھا۔ مقلہ کی تکمیل کے بعد پیرس گئے۔ وہاں کے قومی مدرسہ السنہ، مشرقیہ National School of Oriental Studies میں ڈاکٹر جیولس بلوک (رکن ادارہ تحقیقات عالیہ پیرس یونیورسٹی) کے لکچر سے استفادہ کیا۔ ساتھ ہی اردو کی گجراتی شکل رڈی لٹ کے لیے کام کرنا شروع کیا جو نامکمل رہ گیا۔ مشہور ماہر لسانیات پروفیسر وانڈیش، فارسی عربی اور سنسکرت زبان کے ماہر پروفیسر بن وے نست رکن ادارہ تحقیقات عالیہ پیرس یونیورسٹی) پروفیسر مسی یون، پروفیسر عربی (قومی مدرسہ

النسہ ،مشرقیہ) پروفیسر سلون لیوی (پروفیسر سنسکرت، کالج ، دے فرانس) کے لکچرز اور مشوروں سے اردو کے علاوہ فارسی عربی اور سنسکرت زبان کے لسانی عناصر کے تجزیہ سے متعلق عمومی بصیرت حاصل کی۔ ان ہی قابل اساتذہ کی رہنمائی میں اپنی تالیف Hindustani Phonetics کا خاکہ تیار کیا۔ اردو کے صوتی تجزیے وتشریح میں اسکول آف اورینٹل اسٹڈیز کے صدر شعبہ صوتیات پروفیسر Lioyed James سے لسانیات کے اصول وضوابط اور انگریزی صوتیات کی تعلیم حاصل کی۔ پیرس میں سوبورن یونیورسٹی کے ادارہ صوتیات میں مدموزیل ویران سے تجرباتی صوتیات کے آلات اور مشینوں پر اردو زبان کو قلمبند کرنے میں رہبری حاصل کی جس کے عکس ''ہندوستانی صوتیات'' میں شامل کر کے اکتوبر ۱۹۳۰ء میں ImpremerieL' union Typographiqe پیرس میں چھپوا کر شائع کیا۔

ستمبر ۱۹۳۲ء میں ڈاکٹر زور نے لسانیات پر اپنی دوسری کتاب ''ہندوستانی لسانیات'' شائع کی۔ ''ہندوستانی صوتیات'' کے پیش لفظ اور ''ہندوستانی لسانیات'' کی تمہید میں زور صاحب نے اس بات کا اعتراف کیا ہے کہ ان دونوں تصانیف میں انھوں نے اپنے Ph.D. کے مقالے منظور لندن یونیورسٹی کا بیشتر مواد شامل کیا ہے۔ Hindustani Phonetics کے تعارفی حصہ میں اردو کے آغاز وارتقا کے بارے میں اپنے نظریہ کی وضاحت کی ہے۔ یہ عجیب اتفاق ہے کہ ہندوستان میں پروفیسر شیرانی بھی تقریباً اسی زمانہ میں اردو کے آغاز کے بارے میں انھیں خطوط پر سوچ رہے تھے جن خطوط پر غور وفکر کر کے ڈاکٹر زور اس نتیجے پر پہنچے ہیں کہ اردو کے آغاز کا سرچشمہ پنجابی ہے۔ ۱۹۲۸ء میں پروفیسر محمود شیرانی نے اپنی کتاب ''پنجاب میں اردو'' میں لفظی اور صوتی تغیرات کے لحاظ سے اردو اور جدید پنجابی میں گہرا اشتراک ثابت کیا ہے۔ ڈاکٹر زور نے پروفیسر شیرانی سے ایک قدم آگے بڑھ کر نواح دہلی اور آبہ گنگا جمنا میں بولی جانے والی زبان کا اثر بھی اردو پر ثابت کیا۔ ہندوستانی صوتیات کے پہلے باب میں وہ کہتے ہیں:

''اردو کی بنیاد بارہویں صدی عیسوی میں پنجاب میں بولی جانے والی زبان پر ہے لیکن اس سے یہ ثابت نہیں ہوتا کہ اردو نواح دہلی اور دوآبہ، گنگا جمنا میں بولی جانے والی زبان پر مبنی نہیں ہے۔ کیوں کہ ہند آریائی دور کے آغاز کے وقت پنجاب کی اور دہلی کے نواح کی زبانوں میں بہت کم فرق تھا۔ (ص۔ ۲۰۔ ۱۹)

آگے چل کر وہ اس قطعی نتیجہ پر پہنچتے ہیں کہ ''اردو کو پنجابی سے مشتق ہے اور نہ کھڑی بولی سے بلکہ اس زبان سے جو ان دونوں کی مشترک سرچشمہ تھی''

ڈاکٹر زور اور پروفیسر شیرانی نے یہ کام اس وقت کیا جب اردو کی اصل عام طور پر برج بھا جا سمجھی جارہی تھی۔ ان دونوں نے بہ یک وقت تقابلی لسانیات کی مدد سے اردو کی ابتدا کے بارے میں پنجابی زبان کی اہمیت پر زور دیا۔ ڈاکٹر زور نے اس پر اضافہ کرتے ہوئے نواح دہلی کی زبان یعنی کھڑی بولی کے اثرات پر بھی روشنی ڈالی۔ جدید دور کے ماہرین لسانیات نے اس سلسلہ میں گہری چھان بین کر کے اثرات پر بھی روشنی ڈالی۔ جدید دور کے ماہرین لسانیات نے اس سلسلہ میں گہری چھان بین کر کے اردو کی ابتداء کے متعلق جو نظریات قایم کیے ہیں وہ ڈاکٹر زور کے نظریہ سے ہی روشنی لے کر کسی نتیجہ پر پہنچتے ہیں۔ استاد محترم پروفیسر مسعود حسین خاں کو بھی غالباً ڈاکٹر زور کے بیان ہی سے اپنا نظریہ قایم کرنے میں تحریک ملی ہوگی۔ ڈاکٹر زور کے بعد تقابلی اور تاریخی لسانیات میں ہم نے بہت کچھ ترقی کر لی ہے۔

صوتیات میں پروفیسر مسعود حسین خاں پروفیسر گوپی چند نارنگ، پروفیسر گیان چند جین نے اپنے اپنے طور پر کام کیا ہے۔ تاہم مبسوط انداز میں Hindustani Phonetics سے بہتر کتاب اب تک پیش نہیں کی جا سکی۔ دنیا کے مختلف ملکوں میں آج بھی اس کتاب سے

حوالہ جوئی کا کام لیا جاتا ہے۔ سنیتی کمار چٹرجی جیسے ماہرلسانیات نے بھی اس سے استفادہ کرنے کا اعتراف کیا ہے۔

یہ کتاب چار ابواب پر مشتمل ہے۔ اس کتاب کے پہلے باب میں ہندوستانی زبان کے تاریخی ارتقاء اور مابعد تغیرات ک اایک مختصر خاکہ پیش کیا گیا ہے۔ ہندوستانی کے دو خاص گروپ شمال ورجنوبی (دکنی) اوران کے اہم لسانی انحرافات اوراختلافات پر مختصر گفتگو گئی ہے بلکہ خصوصیت سے حیدرآباد کے تعلیم یافتہ لوگوں کی روز مرہ زبان کا جائزہ لیا ہے۔ صوتیاتی نقطہ نظر سے شمالی اور جنوبی ہند کی اردو کے مصوتوںVowels جڑواں مصوتوںDipthongs، مصمتوںConsonants، ہکاری مصمتوںAspirated Consonants، ہکاری مصمتی معکوسی ارتعاشی مصمتوں یعنی Aspirated Voiced Retroflexes Vibrant Consonants، غیر ہکاری مصمتوں Unaspirated Consonants، ذخیرہ الفاظ، قواعد زبان اور مرکب الفاظ سے مثالیں پیش کر کے خصوصاً دکنی زبان کی تشکیل اور صوتیاتی ہیئت کے بارے میں گراں قدر معلومات فراہم کی ہیں۔

دوسرے باب میں حیدآباد کی مروجہ دکنی زبان (جسے تعلیم یافتہ افراد بھی بولتے ہیں) کے نظام اصوات Sound System پر بحث کی ہے۔ اس بات کو مطالعہ کی سہولت کے لیے صوتیاتی بنیادوں پر دو حصوں میں بانٹ دیا ہے۔ پہلے حصہ میں مصوتوں وار جڑواں مصوتوں Vowels and Dipthongs کا مطالعہ پیش کیا ہے۔ ڈاکٹر زور کا خیال ہے کہ اردو زبان میں کم از کم (9) بنیادی مصوتے اور (6) جڑواں مصوتے ہیں۔ اردو میں ان پندرہ اصوات کی کوئی تحریری شکل متعین نہ ہونے کی وجہ سے متبدیوں کے لیے اردو الفاظ کا صحیح تلفظ مشکل ہو جاتا ہے اسی لیے زور صاحب نے ایک تفصیلی چارٹ میں ہر مصوتے کے لیے ایک خاص علامت مقرر کی ہے۔ اسی چارٹ میں انہوں نے I.P.A. انٹرنیشنل فونٹی اسوسی ایشن کی علامات املا اور مروج ومستعمل رومن حروف کو بھی ساتھ ساتھ پیش کیا ہے۔ پہلی مرتبہ اس چارٹ کے حوالے سے زور صاحب نے یہ ثابت کیا ہے کہ رومن حروف وعلائم، اردو اور مشرقی زبانوں کے تلفظ کاری Articulation کو پوری طرح ادانہیں کر پاتیں۔ کیوں کہ رومن علامتوں میں ایک سے زیادہ اصوات کے اظہار کے لیے ایک ہی حرف استعمال کیا جاتا ہے جبکہ I.P.A. کے چارٹ میں ہرصوت آزادانہ طور پر ایک علاحدہ حرف کے ذریعہ ظاہر کی جاتی ہے۔ بنیادی مصوتوں کے مقامات تلفیظ کو ڈاکٹر زور نے الگ چارٹ پر پیش کیا ہے۔ ایسی کوشش سب سے پہلے جون رلس نے ۱۶۵۳ء میں کی تھی جو اپنے ابہام کی وجہ سے مقبول نہ ہوسکی۔ اس کے بعد مشہور انگریز ماہر صوتیات ڈینیل جونز نے زبان کی اٹھان کے چار درجے فرض کر کے مصوتوں کی ادائیگی کے وقت زبان کی حرکت کے درجات مقرر کیے ہیں۔ زور صاحب نے اس چارٹ کو بنیاد بنا کر ہندوستانی اردو کے حیدرآبادی لب ولہجہ میں مصووں کی ادائیگی کے وقت زبان کی پوزیشن کا اظہار کیا ہے۔ پھر ان کے لیے Palatograms (تالوی نقشے) اور نگارش کے ریکارڈس پیرس میں تیار کر کے شامل کیے۔ اس باب کے حصہ (ب) میں انفیت Nasalization کے دلچسپ اصول بنا کر انہیں مثالوں کے ذریعہ سمجھایا ہے۔ خاص طور پر یہاں دکنی تلفظ کے مطالعہ میں ان کی ژروف نگاہی اور گہرے مشاہدے کی داد دینی پڑتی ہے۔ اس مطالعہ میں مفرد اور مرکب الفاظ دونوں سے استفادہ کیا ہے۔

تیسرے باب میں مصمتوں Consonants اور ادغام Assimilation کا تجزیہ کیا ہے۔ مصوتے اور مصمتے میں خاص امتیاز ہے کہ مصتے کی ادائیگی بے روک ٹوک ہوتی ہے جب کہ مصمتے میں کہیں نہ کہیں رکاوٹ آتی ہے۔ مصوتے تنہا ادا ہو سکتے ہیں اور مصمتے مصوتے کے ساتھ ہی ادا ہوتے ہیں۔ ڈاکٹر زور نے اردو کے صوتی نظام میں مختلف زبانوں کے اشتراک، اس کے ااسباب وحدود اور ان کی تعداد کا تعین

کیا ہے۔اردو مصمتوں کا لسانیاتی سطح پر بڑی باریک بینی سے تجزیہ کیا ہے۔اور دکن میں ان کے تلفظی اختلافات پر روشنی ڈالی ہے۔مصمتوں کی تلفظ کی وضاحت کے لیے کائموگراف، پلیٹوگراف اور مشینی نگارشات Inscriptions دیئے ہیں۔ ہندوستانی اور خصوصاً دکنی کے صوتی نظام کا تجزیہ غالباً پہلی مرتبہ ڈاکٹر زور ہی نے لسانیاتی لیباریٹری میں کیا ہے۔ایک ایک آواز کو بڑی احتیاط سے ریکارڈ کیا ہے پروفیسر گیان چندجین، ڈاکٹر زور کی اس کوشش کو سراہتے ہوئے لکھتے ہیں کہ ''اس کی نظیر تا حال اردو اور ہندی کی کسی کتاب میں نہیں ملتی گو''دھونی وگیان'' میں انگریزی آوازوں کا اسی طرح تجزیہ کیا گیا ہے۔ ہندی آوازوں کا نہیں'' (لسانی مطالعے،ص ۲۶۶)

Assimilation کے سلسلہ میں بولی جانے والی زبان اور اردو کی یا ملا (رسم خط) میں قابل لحاظ ختلافات کی نشاندہی کرتے ہوئے، اس ک سبب ڈاکٹر زور نے انضمام اور ادغام قرار دیا ہے۔ جو عموماً رجعی Regrressive ہوتا ہے۔اسے تین حصوں میں تقسیم کیا گیا ہے۔ایک قسم وہ ہے جو صوتی تاروں کے عمل کو متاثر کرتی ہے۔دوسری نرم تالو کو اور تیسری زبان کے عمل کو متاثر کرتی ہے۔انضمام اور ادغام کی وضاحت کے لیے مرکب الفاظ کی ان آوازوں کی تفصیل دی ہے جو متعاقب اصوات کے اثر سے بدل جاتی ہیں۔مثلاً چپ بیٹھو' میں ''پ'' کی آواز ''ب'' کے ساتھ مدغم ہوکر ''چب بیٹھو ہو جاتی ہے (اسی طرح بدتر، بتر، بادشاہ، باشاہ، پادشاہ پاشا ہو گیا ہے) بندشی، مصمیتی مصمتے ہکاری اور غیر ہکاری دونوں بعض وقت غیر ہکاری غیر مصمیتی ہو جاتے ہیں جیسے تفسیر تبسیر ،اب تک ''اپ تک میں بدل جاتا ہے۔

چوتھے باب میں اصوات کے اوصاف مثلاً بل Stress اور سرلہر Intonation سے بحث کی گئی ہے۔اردو الفاظ میں بل اور سرلہر کے اظہار پر ڈاکٹر زور نے سب سے پہلے غور کر کے اس کی نشاندہی Hindustani Phonetics میں کی ہے۔ان کے بعد ڈاکٹر مسعود حسین خاں نے 1954ء میں اپنے انگریزی رسالے A Phonetics and Phonological Study of Wards in Urdu، (ص ۲۶-۲۷) سرلہر اور بل سے بحث کی ہے۔ان کے بعد پروفیسر جین کا خیال ہے کہ ساگر یونیورسٹی کے شعبہ لسانیات کے رمیش چندر مہروترا نے اس موضوع پر قلم اٹھایا ہے۔لفظوں کے تلفظ میں مختلف صورت رکنوں پر بل یعنی Stress کی کمی بیشی ہوتی ہے اور ہر لفظ کی ادائیگی میں سرلہر Intonation موجود ہوتا ہے۔سرلہر صوتی تاروں میں ارتعاش کی کمی بیشی سے ظہور میں آتی ہے ڈاکٹر مسعود حسین خاں اور ڈاکٹر رمیش چندر مہروترا نے بل کی کوئی خاص تقسیم نہیں کی ہے۔(پروفیسر گیان چندجین) ڈاکٹر زور نے بل کے کچھ قسمیں بھی بیان کی ہیں۔انہوں نے دو رکنی الفاظ کے صوتی اظہار کے سلسلہ میں اس بات کا ادعا کیا ہے کہ لفظ کے دونوں ارکان پر یکساں بل دیا جانا بہ یک وقت ممکن ہے۔ڈاکٹر مسعود حسین خاں اور پروفیسر گیان چندجین دونوں نے اس سے اخلاف کیا ہے جیسے جب، اس، جس اور آ، جا کی ادائیگی میں بہ یک وقت دونوں ارکان پر Stress کرنا ناممکن ہے۔دو اور تین رکنی الفاظ میں بل Stress سے متعلق اصولوں کو زور صاحب اور پروفیسر مسعود حسین خاں نے تفصیل سے بیان کیا ہے۔زور صاحب نے بتیس (۳۲) اصول دریافت کیے ہیں۔ پروفیسر گیان چندجین نے ان ۳۲ اصولوں پر اعتراض کرتے ہوئے (لسانی مطالعے،ص ۱۱۴،۱۱۳) ان اصولوں کا تین زمروں میں احاطہ کر لیا ہے۔ پروفیسر جین چوں کہ ماہر عروضی بھی ہیں اس لیے انہوں نے عروض سے مدد لیتے ہوئے اس مسئلہ کا آسان حل ڈھونڈ ھ نکالا ہے۔لیکن جس زمانے میں زور صاحب "Hindustani Phonetics" لکھ رہے تھے کسی نے اس طرف توجہ نہیں کی تھی اور اس وقت تک یہی تحقیق معتبر تھی۔آج یہ لسانیات کا ایک اہم موضوع بن گیا ہے اور اس کے کئی مباحث اور مسائل سامنے آرہے ہیں، چنانچہ اب Stress بل اور Intonation سرلہر کا مطالعہ سماجی لسانیات کا اطلاقی شعبہ ہو گیا ہے جس میں مختلف سماجی رتبے Social Status سے تعلق رکھنے والے لوگوں کے لب ولہجہ میں مختلف موڈس Modes کے دوران الفاظ کے بل اور سرلہر کا

مطالعہ کیا جاسکتا ہے۔ اس مطالعہ سے انسانی نفسیات کے کئی گوشے کھل کر سامنے آسکتے ہیں۔ اس مطالعہ کے بعد کسی نتیجے پر پہنچنے سے قبل انہیں صوتی آلات پر جانچنا پرکھنا بھی ضروری ہے تا کہ قطعی نتائج پیش کیے جاسکیں۔

116 صفحات کی "Hindustani Phonetics" میں کئی غلطیاں بھی در آئی ہیں جس میں بڑا دخل composing کا معلوم ہوتا ہے۔ کمپوزر کے لیے مشکل یہ تھی کہ اسے ایک غیر زبان کو رومن حروف پر Dicritical Marks (نشانات نگارش) بھی لگانے تھے۔ اکثر غلطیاں Dicritical Marks کی کمی بیشی سے ہوگئی ہیں۔ مثلاً صفحہ ۴۹ پر اردو مصوتوں اور جڑواں مصوتوں کا چارٹ دیا گیا ہے۔ جس میں I.P.A. اور رومن علامتوں کا مفصل چارٹ بھی ہے۔ اس چارٹ میں I.P.A. اور رومن علامتوں کے مقابل اردو علامتیں زور صاحب نے پہلی مرتبہ متعین کی ہیں (جن کا ذکر پہلے بھی آ چکا ہے) تا کہ غیر اردو داں کو صحیح تلفظ کرتے ہوئے تکلف نہ ہو۔ اس چارٹ کے سلسلہ نمبر 4 پر بھینس کی I.P.A. علامت پر انفی قلامت جو اردو ہندسے 8 کی طرح ہوتی ہے لکھی جانی چاہیے تھی وہ درج نہیں ہے جس سے بھینس کا انفی تلفظ ادا نہیں ہوتا اور بھینس بھیس ہو جاتی ہے۔ صفحہ ۱۴ پر شمال اور دکن میں جمع بنانے کا قاعدہ پیش کیا گیا ہے۔ وہاں دکنی اور شمالی ہند کی اردو سے مثالیں دی گئی ہیں۔ Point B کے تحت مثال نمبر ۲ میں ہکاری آوازوں کی ادائیگی کا فرق واضح کرنے کے لیے دولفظ لکھے ہیں۔ ''وہ دعوتیں'' وہ کی ہکاری آواز دکنی میں بھی لگا دی گئی ہے حالاں کہ ہم آج بھی وہ نہیں ''وو'' کہتا ہیں۔ اسی صفحہ پر شمالی اور جنوبی ہندی زبان کا حوالہ دیتے ہوئے اسما کی مثال دی ہے جس میں آدمی اور ادمی ہونا چاہیے تھا مگر دونوں جگہ آدمی ہی لکھ دیا ہے۔ عام طور پر کتابت Typography میں یہ غلطیاں معمولی اور بہت معمولی ہوسکتی ہیں لیکن ایک فنی اور سائنٹفک موضوع پر لکھی کتاب میں کمپوزنگ کی ایسی غلطیاں بُری طرح کھٹکتی ہیں۔

ڈاکٹر زور کی اس کتاب اور ہندوستانی لسانیات پر اب تک چند ایک مضامین اور تبصرے بھی لکھے گئے۔ تقریباً سبھی مضمون نگاروں نے، جن میں پروفیسر گیان چند کا نام سرفہرست آتا ہے ڈاکٹر زور کے ان کارناموں کو خوب سراہا اور تعریف کی ہے کئی ماہرین السنہ اور لسانیات نے ان کتابوں سے استفادہ کا اعتراف بھی کیا ہے۔ ان میں پروفیسر سنیتی کمار چٹرجی، پروفیسر مسعود حسین خاں، ڈاکٹر شوکت سبزواری، پنڈت دتا تریہ کیفی، رمیش چندر مہروترا، پروفیسر عبدالقادر سروری اور ڈاکٹر سہیل بخاری کے نام لینا کافی ہوگا۔ ان سب سے بڑھ کر ڈاکٹر زور کے استاد پروفیسر جیولس بلوک نے "Hindustani Phonetics" پر تعارف لکھتے ہوئے جس شفقت سے ڈاکٹر زور کی اس میدان میں اولیت کا تذکرہ کیا ہے وہ ان کی لیاقت، ریاضت، علمی شغف اور نکتہ رسی پر مہر تحسین ہے۔ جیولس بلوک کے الفاظ ملاحظہ ہوں (ترجمہ)

''ہندوستان کی زبانوں میں ہندوستانی، جو دنیا تمام میں مطالعہ کا خوصی محور رہی ہے اس کا ایسا توضیحی مطالعہ خصوصاً تلفیظی اعتبار سے اب تک نہیں کیا گیا اکثر و بیشتر تلفظ کی جانب بڑے عالمانہ اشارے ملتے ہیں لیکن بحیثیت مجموعی اس موضوع پر کام نہیں کیا گیا ہے۔ اور یہی وہ نکتہ ہے جس کی Philogists اور علمائے لسانیات کو عملی مقاصد کے لیے یکساں ضرورت ہے یہ بات قابل تحسین ہے کہ اس خصوص میں ایک ہندوستانی مسلم اسکالر (ڈاکٹر سید غلام محی الدین قادری) نے سب سے پہلے قدم اٹھایا:(Hindustani Phonetics, P:5)

ڈاکٹر زور پہلے شخص ہیں جنھوں نے ایک طرف صوتی اور لسانی اصولوں کے مطابق اردو زبان کے مطالعے کی بنیاد ڈالی اور اس زبان کی تاریخ لکھی۔ Hindustani Phonetics ان کی دلی آرزوؤں کی نمائندگی کرتی ہے جو اردو زبان اور خصوصیت سے ارض دکن کے ساتھ وابستہ ہیں۔

000

ڈاکٹر زورؔ کی تصنیف ''دکنی ادب کی تاریخ''

مضمون ______________ پروفیسر حبیب نثار

ڈاکٹر زورؔ کی تصنیف ''دکنی ادب کی تاریخ'' ایک منفرد کتاب ہے۔ یہ کسی زبان کو موضوع قرار دے کر لکھی جانے والی پہلی تصنیف ہے اور ڈاکٹر زورؔ کی زندگی کی آخری یادگار بھی ہے۔ ڈاکٹر سید محی الدین قادری زورؔ اس کتاب کے مقدمہ میں کتاب کا تعارف کرواتے ہوئے لکھتے ہیں:

> ''قدیم دکنی ادب کی تاریخ میں روز بروز اضافہ ہوتا جا رہا ہے۔ اب سے تیس سال قبل جب میں نے سن 1928 میں ''اردو شہ پارے'' کے نام سے ایک کتاب مرتب کی تھی، نہ دکنی ادب کا چرچہ تھا اور نہ عام اردو دانوں کو معلوم تھا کہ اردو زبان میں تین چار سو برس قبل اتنی اعلیٰ درجہ کی نظم ونثر لکھی گئی ہوں گی۔ ''اردو شہ پارے'' نے اردو زبان کی ادبی تاریخ کو طوالت بخشنے اور اردو کی قدامت اور بزرگی قائم کرنے میں بڑا حصہ لیا تھا''۔
>
> (دکنی ادب کی تاریخ،ص 5)

ڈاکٹر زورؔ نے یہاں دکنی ادب کا تعارف پیش کرنے کے ساتھ اپنی اولین تصنیف ''اردو شہ پارے'' کا تعارف بھی لکھ دیا ہے۔ دکنی ادب کی تاریخ سے قبل اردو میں کئی تواریخ ادب لکھی گئی تھیں لیکن یہ تمام علاقہ کو موضوع بنا کر لکھی گئی تھی۔ جیسے ''دکن میں اردو''، ''پنجاب میں اردو''، ''مدراس میں اردو'' وغیرہ۔ البتہ حکیم شمس اللہ قادری کی تصنیف ''اردوئے قدیم'' دکنی ادب سے متعلق تھی لیکن خالص دکنی ادب سے اس کا تعلق نہیں تھا۔ البتہ ڈاکٹر زور کی تصنیف خالص دکنی ادب سے متعلق ہے اور یہی اس کی اولیت اور انفرادیت ہے۔ ڈاکٹر زورؔ کتاب کے عنوان کے ذیل میں لکھتے ہیں:

> ''اردو زبان کے قدیم مرکزوں گلبرگہ، بیدر، بیجاپور گولکنڈہ، حیدرآباد اور اورنگ آباد کے شاعروں اور ادیبوں کی اردو خدمات کی تفصیلی تاریخ۔۔۔''۔

''دکنی ادب کی تاریخ'' مقدمہ کے علاوہ پانچ ابواب پر مشتمل ہے۔ پہلا باب بہمنی عہد، گلبرگہ اور بیدر (1350۔1525) کے عنوان سے لکھا گیا ہے۔ واضح رہے کہ بہمنی عہد کی ابتدائی اردو تخلیقات مثلاً حضرت خواجہ بندہ نواز اور فیروز شاہ بہمنی گلبرگہ میں تخلیق ہوئی تھی۔ فیروز شاہ کی وفات کے پانچ برس بعد اس کے جانشین احمد شاہ بہمنی نے پایۂ تخت بیدر منتقل کر دیا اور یہیں اردو کی پہلی معلوم مثنوی ''کدم راؤ پدم راؤ'' لکھی گئی۔

ڈاکٹر زورؔ نے بہمنی عہد کی ابتدا میں فیروز شاہ بہمنی کا ذکر کرتے ہوئے لکھا ہے کہ ''دراصل اسی کے عہد میں اردو کی نثر و نظم کا پتہ چلتا ہے اور اس کا پایۂ تخت گلبرگہ دکن میں اردو کا پہلا مرکز تھا''۔

ڈاکٹر زورؔ نے بہمنی عہد میں سید محمد حسینی خواجہ بندہ نواز گیسو دراز کا تذکرہ کرتے ہوئے ان کی تصانیف میں ''معراج العاشقین'' اور ''ہدایت نامہ'' کے علاوہ بہت سی نظمیں، راگ راگنیاں اور چکی نامہ کا کیا ہے۔ دکنی ادب کی تاریخ کے شائع ہونے کے چھ سال بعد ڈاکٹر حفیظ قتیل نے ثابت کیا کہ ''معراج العاشقین'' حضرت بندہ نواز کی تصنیف نہیں بلکہ ڈھائی سو برس بعد کے بزرگ مخدوم شاہ حسینی بلکانوری کی مترجمہ تصنیف

ہے۔البتہ پروفیسر م۔ن سعید نے اپنی تحقیقی تصنیف ''خواجہ بندہ نواز سے منسوب دکنی رسائل'' میں حضرت کا بہت سارا شعری کلام درج کیا ہے جو راگ راگنی کے تحت لکھا گیا ہے۔

ڈاکٹر زورؔ نے ان مصنفین کے علاوہ بہمنی عہد کے شعرا میں عبداللہ حسینی، نظامی بیدری، مشتاق لطفی، فیروز بیدری، اشرف، شاہ میراں جی شمس العشاق کا ذکر کیا ہے اور کلام کا نمونہ بھی پیش کیا ہے۔ڈاکٹر زورؔ نے فیروز بیدری کی مثنوی کا نام ''توصیف نامہ میراں محی الدین'' لکھا ہے جو کہ ادارہ ادبیات اردو میں محفوظ مخطوطہ پر ملتا ہے۔اسی مثنوی کو ڈاکٹر نذیر احمد اور ڈاکٹر مسعود حسین خاں نے مرتب کیا ہے اور اس کا نام ''پرت نامہ'' لکھا ہے۔ڈاکٹر زورؔ نے میراں جی شمس العشاق کو بہمنی عہد میں شمار کیا ہے۔اب یہ حقیقت سامنے آئی ہے کہ حضرت کی پیدائش 922 ہجری ہے اور تاریخ وصال 992 ہجری ہے اس طرح حضرت عہد عادل شاہ کے اولین شعرا میں شمار ہوتے ہیں۔

ڈاکٹر زورؔ نے بہمنی عہد کا خاتمہ سید شہباز حسینی کے تذکرہ پر کیا ہے اور اس کے بعد عادل شاہی عہد کا ذکر شروع کیا ہے۔وہ لکھتے ہیں کہ سلطنت کے بانی یوسف عادل شاہ اور اس کے جانشین اسماعیل عادل شاہ نے اردو/دکنی شاعری کی جانب توجہ نہیں کی۔البتہ اس کے بعد کے بادشاہوں نے دکنی کی خوب سرپرستی کی۔علی عادل شاہ اول کے زمانے میں حضرت میراں جی شمس العشاق اور برہان الدین جانم جیسے شاعر و ادیب موجود تھے۔علی عادل شاہ کا جانشین ابراہیم عادل شاہ ثانی ہوا۔ڈاکٹر زورؔ لکھتے ہیں کہ ابراہیم نے مختلف ملکوں کے شاعروں، عالموں، صوفیوں اور اولیاء اللہ کو جمع کیا کہ'' یہ شہر تقریباً ایک صدی تک علوم وفنون کا مرکز بنا رہا۔

ابراہیم خود بھی فنون لطیفہ سے دلچسپی رکھتا تھا۔وہ شاعر ہونے کے علاوہ ایک ماہر موسیقار بھی تھا۔اس نے ہندستانی موسیقی کے راگ راگنی کے تحت گیت لکھے ہیں جو'' کتاب نورس'' کے نام سے اکٹھا کیے گئے ہیں۔مولوی عبدالحق نے'' کتاب نورس'' کو ہندی کی تصنیف قرار دیا ہے اور گیان چند جین بھی اسے ہندی کی کتاب قرار دیتے ہیں۔ڈاکٹر زورؔ نے'' کتاب نورس'' پر معروضی انداز میں اظہار خیال کیا ہے اور اس کے چند گیتوں کی زبان کو دکنی قرار دیا ہے۔وہ لکھتے ہیں:

> ''ابراہیم عادل شاہ کی ''نورس'' چھپ چکی ہے۔یہ پوری کتاب اگرچہ دکنی میں نہیں ہے لیکن بعض راگ راگنیاں دکنی میں بھی ہیں اور ظاہر کرتی ہیں کہ کلاسیکی موسیقی کے لیے بھی اس زمانے میں دکنی بول استعمال کیے گئے۔ابراہیم کی زبان موسیقی کی اصطلاحوں اور بحروں اور اس زمانے میں موسیقی کے لیے جو لفظی خزانہ رائج تھا اس سے معمور ہے''۔
>
> (دکنی ادب کی تاریخ ص 24)

ڈاکٹر زورؔ نے ابراہیم شاہ ثانی کے عہد کے شعرا اور ان کی تخلیقات پر مفصل روشنی ڈالی ہے۔چناں چہ حضرت برہان الدین جانم کے کلام کا نمونہ بھی درج کیا ہے۔لیکن ڈاکٹر زورؔ نے حضرت برہان الدین کی نثری تصنیف'' کلمۃ الحقائق کا ذکر نہیں کیا ہے جسے ڈاکٹر حسینی شاہد نے اردو نثر کا پہلا ادبی نمونہ قرار دیا ہے۔

ابراہیم عادل شاہ ثانی کا جانشین محمد عادل شاہ ہوا۔جس کے عہد میں گولکنڈہ اور بیجاپور کے شعرا یکجا ہو گئے تھے اسی کے عہد میں کمال خاں رستمی نے دکنی کی سب سے طویل مثنوی'' خاور نامہ'' لکھی۔قطب رازی، مقیمی، امینی، دولت شاہ، ظہور ابن ظہوری، حسن شوقی، ابراہیم صنعتی اور

ملک خوشنود کا ذکر و تذکرہ کرنے کے بعد نمونہ کلام درج کیا ہے۔

محمد عادل شاہ کے بعد علی عادل شاہ ثانی تخت نشین ہوا۔ اس کے عہد میں نصرتی، ہاشمی کے علاوہ مرزا جیسے شاعر ہوئے ہیں جن کے کلام اپنی مثال آپ ہیں۔ اسی کے عہد میں حضرت شاہ امین الدین علی اعلیٰ موجود تھے جن کی نثر اور نظم کے نمونے موجود ہیں۔ نصرتی اس عہد کا ملک الشعرا تھا جس کے بارے میں ڈاکٹر زورؔ لکھتے ہیں کہ ''وہ رزمیہ اور بزمیہ دونوں قسم کی شاعری کا استاد تھا۔ غزلیں بھی لکھی ہیں اور قصیدے بھی۔ خاص کر قصیدہ نگاری میں دکن میں کوئی اس کا ہم پلہ نظر نہیں آتا۔ ڈاکٹر زورؔ نے عادل شاہی عہد میں بیجاپور کے آخری بادشاہ سکندر عادل شاہ کا ذکر نہیں کیا ہے۔

ڈاکٹر زورؔ نے عادل شاہی عہد کے بعد قطب شاہی عہد کا تفصیل سے ذکر کیا ہے۔ اس عہد کو انھوں نے تین ضمنی سرخیوں کے تحت لکھا ہے۔ (الف) ابتدائی کوششیں (ب) عروج کا زمانہ (ج) دورِ انتشار۔۔۔۔ ابتدائی کوششیں، میں ابراہیم قطب شاہ کے زمانے میں ادب کی ترقی کا بیان کیا ہے اور بیدر سے گولکنڈہ آنے والے شعرا ملا خیالی، سید محمود اور فیروز بیدری کے حالات پر روشنی ڈالنے کے بعد ان کے کلام کا نمونہ درج کیا ہے۔ ابراہیم قطب شاہ کا جانشین محمد قلی قطب شاہ ہوا جس کا ذکر ڈاکٹر زورؔ نے عروج کا زمانہ، کی ابتدا میں کیا ہے۔ محمد قلی خود شاعر تھا اور اس نے اپنا دیوان مرتب کیا تھا جس کی بنا پر اسے اردو کا پہلا صاحب دیوان شاعر کہا جاتا ہے۔ وہ ابتدا میں معانی تخلص کرتا تھا اور قطب نہ اختیار کیا۔ ڈاکٹر زورؔ کا کہنا ہے کہ اس کا اردو کلام پچاس ہزار اشعار پر مشتمل تھا۔ محمد قلی قطب شاہ کے موضوعات کا بیان کرتے ہوئے ڈاکٹر زورؔ لکھتے ہیں:

> ''اس نے اپنے عہد کی عام زندگی، رسم و رواج، تہواروں اور تقریبوں کی تفصیلات، موسموں کی خصوصیات اور کھیل کود غرض کہ چھوٹے سے چھوٹے موضوع اور معمولی سے معمولی واقعات پر بھی اعلیٰ پایہ کی نظمیں لکھی ہیں۔ بادشاہ ہونے کے باوجود وہ صحیح معنوں میں وہ ایک عوامی شاعر تھا''۔
>
> (ایضاً، ص 50)

محمد قلی قطب شاہ کے عہد کے شعرا میں ملا وجہی اور ملا احمد کا ذکر ڈاکٹر زورؔ نے کیا۔ محمد قلی کا جانشین محمد قطب شاہ ہوا جو ایک اچھا شاعر تھا۔ محمد قلی کا کلیات اسی نے مرتب کیا اور اس پر منظوم دیباچہ لکھا ہے۔ لیکن محمد قطب شاہ نے فنون لطیفہ کی جانب زیادہ توجہ نہیں کی۔ البتہ اس کا بیٹا عبد اللہ قطب شاہ جب تخت نشین ہوا تو اس نے اردو شعرا کی خوب سرپرستی کی۔ غواصی کو ملک الشعرا بنایا، وجہی سے ''سب رس'' لکھوائی۔ ڈاکٹر زورؔ نے اسی کے عہد کے جملہ شعرا کا ذکر کرتے ہوئے ان کے کلام کا نمونہ درج کیا ہے۔ خود عبد اللہ قطب شاہ کے کلام کا نمونہ بھی پیش کیا ہے اس عہد کے شعرا میں غواصی، وجہی، حسن شوقی، ملک خوشنود، جنیدی، ابن نشاطی، سید بلاقی، شاہ راجو، میراں جی خدانما، فاروقی اور میراں یعقوب کا ذکر و تذکرہ کیا ہے۔

اورنگ زیب عالم گیر کے فتح گولکنڈہ کے بعد دورِ انتشار شروع ہوتا ہے اور اسی زمانے میں عبد اللہ قطب شاہ نے انتقال کیا چوں کہ عبد اللہ کو کوئی اولادِ نرینہ نہیں تھی اسی لیے اس کا داماد ابوالحسن تخت نشین ہوا۔ ابوالحسن خود بھی اچھا شاعر تھا۔ ڈاکٹر زورؔ اطلاع دیتے ہیں کہ اس کا دیوان محفوظ نہیں رہا لیکن مختلف تذکروں میں اس کا کلام ملتا ہے۔ ابوالحسن کے عہد میں طبعی، شاہ راجو، امین، غواص، سیوک، فائز اور افضل جیسے شاعر موجود تھے۔ جن کی قلمی یادگار آج بھی دستیاب ہیں۔ شاہ قلی خاں شاہی اسی زمانے میں تھے اور بہترین مرثیہ گو تھے۔ زوال گولکنڈہ کے بعد ان کا

کلام بڑا مقبول ہوا۔

قطب شاہی عہد کے بعد ڈاکٹر زورؔ نے مغل عہد کا ذکر کیا ہے اور زوال گولکنڈہ کے بعد جن شعرا نے اپنا کلام پیش کیا انھیں ڈاکٹر زور مغل عہد کے شعرا کہتے ہیں۔اس زمانے میں مرثیہ گوئی کو خوب شہرت ہوئی۔ چناں چہ روحی ،مرزا، قادر، شیخ داؤد، ضعیفی کے علاوہ شاہ عنایت اور شاہ عبدالرحمان قادری نے دوسری اصناف کے علاوہ مرثیہ بھی لکھے ہیں۔

زوالِ بیجاپور اور گولکنڈہ کے بعد بہت سارے شعرا نے دوسرے علاقوں میں پناہ لی۔ علاوہ ازیں اورنگ آباد ایسے شاعروں کی آماجگاہ بن گیا۔ ڈاکٹر زورؔ نے مغل عہد کے شعرا میں ان تمام کا تذکرہ کیا ہے۔ چناں چہ عشرتی ، ہنر، بیچارہ ، آزاد، والہ سراج، ذوقی ، مجرمی ، بلبل ، راجی ، دریا، ترین ، وحدی ، عاشق ، سید اشرف ، فراقی ، ندیم اللہ حسینی ، ولی ویلوری ، ولی اللہ قادری ، امامی ، ولی اورنگ آبادی ،عزلت، فضلی ، داؤد، سامی وغیرہ وغیرہ کا ذکر کیا ہے۔ جو حیدرآباد، کرنول، کڑپہ اورنگ آباد سے تعلق رکھتے ہیں۔

ڈاکٹر زورؔ اس دور کے آخری شاعر سراج اورنگ آبادی کو قرار دیتے ہیں اور لکھتے ہیں:

>''یہ دور سراج ہی پر ختم ہو جاتا ہے۔ سراج کے بعد دکنی شعرا کی خود اعتمادی رفتہ رفتہ کم ہونے لگی اور وہ شمالی ہند کے شعرا کی شاگردی ہی پر اپنی زبان و بیان کی صحت وخوبی کا انحصار کرنے لگے تھے۔ کیوں کہ اس وقت وہ دکنی محاورہ اور روزمرہ کو چھوڑ کر شمالی ہند کی زبان کی پیروی کرنے لگے تھے''۔ (ایضاً ص 107)

دکنی ادب کا اثر شمالی ہند کی اردو پر ''دکنی ادب کی تاریخ'' کا آخری مضمون ہے۔ جس میں ڈاکٹر زورؔ نے شمالی ہند کی اردو شاعری میں ولی کے سفر دہلی کی بنا پر درآنے تبدیلیوں کا بیان کیا ہے۔ حاتم ،مظہر وغیرہ کی شاعری کے نمونے درج کرتے ہوئے انھوں نے ولی کے اثرات کی نشاندہی کی ہے۔ یہ اس موضوع پر لکھا جانے والا اولین اور منفرد مضمون ہے۔ جسے ڈاکٹر زورؔ نے ''دکنی ادب کی تاریخ'' کا حاصل کے طور پر لکھا ہے۔ پروفیسر سیدہ جعفر ڈاکٹر زورؔ کی اس تصنیف کے بارے میں لکھتی ہیں:

>''ڈاکٹر زورؔ کی یہ ادبی تاریخ مختصر ہے لیکن ہر دور کے اہم شاعروں اور ان کی تصانیف کا ذکر اس میں موجود ہے۔ یہ ادبی تاریخ ضروری معلومات سے پُر ہے لیکن اس میں کہیں کہیں انتہائی ایجاز و اختصار سے کام کیا گیا ہے''۔
>
>(ڈاکٹر زورؔ ساہتیہ اکادمی 1990 دوسری بار، ص 69)

''دکنی ادب کی تاریخ''، ڈاکٹر زورؔ کی ایک اہم تصنیف ہے۔ لیکن تعجب اس بات پر ہے کہ سوائے پروفیسر سیدہ جعفر کے کسی نے اس پر توجہ نہیں کی۔ ڈاکٹر آمنہ تحسین جنھوں نے حیدرآباد کے محققین پر تحقیق کی ہے اور ڈاکٹر زورؔ کی تمام تصانیف کا جائزہ لیا ہے اس کتاب کو نظرانداز کر دیا۔

''دکنی ادب کی تاریخ'' کی ایک اہمیت یہ بھی ہے کہ ڈاکٹر زورؔ نے اس کتاب کا جو خاکہ بنایا ہے یعنی بہمنی عہد، عادل شاہی عہد، قطب شاہی عہد اور مغل عہد۔ بعد میں لکھی جانے والی تاریخ ادب اردو کا یہی خاکہ قرار پایا۔ جیسے جمیل جالبی کی ''تاریخ ادبِ اردو'' (ابتدائی دو جلدیں) پروفیسر سیدہ جعفر اور پروفیسر گیان چند جین کی تاریخ ادب اردو (پانچ جلدیں) اور یہی ڈاکٹر زورؔ کی اس تصنیف کا امتیاز ہے۔

OOO

ڈاکٹر محی الدین قادری زورؔ اور ماہنامہ سب رس

مضمون ______________ پروفیسر سید فضل اللہ مکرم

شہر حیدر آباد' ابتداء سے ہی اردو زبان وادب اور تہذیب ثقافت کا گہوارہ رہا ہے۔ یہاں کے بادشاہ' امراء اور روساء نہ صرف شعر وادب کے قدر دان تھے بلکہ وہ خود بھی سخنور تھے۔قطب شاہی عہد سے لے کر آصف جاہ سابع نواب میر عثمان علی خاں تک کے دور اردو شعر و ادب کے حوالے سے انتہائی زرین دور رہے ہیں۔ یہاں کے بے شمار ادیب وشعرا' محقق ونقاد اور اساتذہ میں ڈاکٹر محی الدین قادر زور کی شخصیت نمایاں طور پر نظر آتے ہیں۔

ڈاکٹر سید محی الدین قادری زور اپنی ذات میں ایک انجمن اور ادارے کی حیثیت رکھتے تھے۔ وہ ایک صاحب نظر نقاد بلند پایہ محقق' ماہر دکنیات' مخطوطہ شناس' مورخ' شاعر اور افسانہ نگار تھے۔ڈاکٹر محی الدین زورؔ کے رفقائے کار میں پروفیسر عبدالقادر سروری' پروفیسر عبدالمجید صدیقی' مولوی نصیر الدین ہاشمی' پروفیسر سید محمد وغیرہ قابل ذکر ہیں۔ ویسے ڈاکٹر زورؔ بچپن سے ہی لکھنے پڑھنے کا شوق تھا۔انہوں نے طالب علمی کے زمانے سے ہی مضامین لکھا کرتے تھے۔انہوں نے تحقیق وتنقید کے علاوہ دو بڑے کارنامے انجام دیا۔ادارہ ادبیات اردو کا قیام اور ماہنامہ سب رس !

اردو میں ادبی صحافت کا آغاز ''خیر خواہ ہند'' سے ہوتا ہے۔جو 37-1836 میں مرزاپور (بنارس) سے پادری آر سی ماتھر کی ادارت میں شائع ہوا تھا۔آج ادبی صحافت کی عمر کم وبیش 175 برس ہو چکی ہے اور اس طویل عرصے میں اردو کے سینکڑوں رسالے جاری ہوئے اور بند ہوگئے۔ چونکہ ادبی رسالہ شائع کرنا خالص تحقیقی نوعیت کا کام ہے عموماً ایسے لوگ بھی ادبی رسالے شائع کرتے ہیں جو تخلیقی میدان میں نا اہل ہوتے ہیں۔بقول افتخار امام صدیقی مدیر شاعر کہ'' تجوری کے ہاتھ لگ جانے اور روایتی نہج پر چند شمارے نکال دینے سے نہ تو کوئی مدیر بن جاتا ہے اور نہ ہی کوئی معیاری ادبی جریدہ اپنی کسی صحافتی عمر کو طے کر سکتا ہے یا پھر کسی بے وقوف قدرے متمول ادیب یا شاعر کو پھانس کر ادبی رسالہ شائع نہیں کیا جا سکتا۔جس طرح صرف اپنے لئے سیکھنے کا نام ادب نہیں اسی طرح صرف ایک مخصوص حلقے کیلئے چند شمارے شائع کردینے کا نام ادبی رسالہ نہیں'' (مشمولہ اردو صحافت مرتب ڈاکٹر کامل قریشی)۔

یہ بات بلا شک وشبہ کہی جاسکتی ہے کہ ادب کی ترسیل اور توسیع میں ادبی رسالوں کی جتنی اہمیت ہے اتنی کتابوں کی بھی نہیں ہے۔اردو میں ایسے رسالے ضرور ہیں جنھوں نے بہت بڑی تعداد میں ادیب' نقاد' افسانہ نگار' انشا پرداز اور شاعر پیدا کئے ہیں۔ادب کی نئی تحریکوں اور رجحانات کو فروغ دینے میں یا پروپگنڈہ کرنے میں ادبی صحافت کا غیر معمولی کردار رہا ہے۔ان عہد ساز رسالوں میں ایک ''سب رس' بھی ہے جسے ڈاکٹر زور نے جنوری 1938 میں حیدر آباد سے جاری کیا۔

ڈاکٹر زور کا سب بڑا کارنامہ ''ادارہ ادبیات اردو' ہے جسے جنوری 1931ء کو حیدر آباد میں قائم کیا گیا۔ادارہ کا غیر معمولی کارنامہ دکنی تحقیق اور نئے لکھنے والوں کی ذہنی آبیاری کرنا اور انہیں لکھنے کے مکمل مواقع فراہم کرنا ہے۔ڈاکٹر زور کا یہ بڑ

اپن تھا کہ انہوں نے اپنے شاگردوں کی تخلیقات کو شائع کروایا اوران کی مخفی صلاحیتوں کو پروان چڑھانے میں کوئی کسر نہیں چھوڑی ۔ اچھا شاگرد ملنا ہی بڑی بات نہیں ہے بلکہ بہترین استاد کا ملنا بھی ایک نعمت خداوندی ہے ۔ اب ایسے اساتذہ بہت کم ملیں گے جو اپنی شاگردوں کی ترقی وتعمیر اوران کو مستحقہ مقام دلانے میں اپنی تمام تر توانائیاں صرف کردیتے ہوں ۔

ایسا ہرگز نہیں ہے کہ ڈاکٹر زور نے جلد بازی میں ''سب رس'' جاری کیا تھا ۔ حالانکہ وہ مجلّہ کی ترتیب وتہذیب کا عملی درک رکھتے تھے ۔ طالب علمی کے زمانے میں انہوں نے پروفیسر وحید الدین سلیم کی نگرانی میں مجلّہ عثمانیہ کیلئے تحریک چلائی تھی بلکہ اس کے ایڈیٹر بھی بنے تھے ۔ ادارہ قائم ہونے کے پورے سات برس تک رسالے کے بارے میں سوچتے رہے اور باضابطہ ایک خاکہ بناتے رہے ۔ انہیں اندازہ تھا کہ ادارے کے عظیم مقاصد کو حاصل کرنے کیلئے ایک رسالہ کا ہونا ناگزیر ہے تاکہ نئے قلم کاروں کو روشناس کرایا جاسکے ۔ آخر کار پوری پلاننگ کے ساتھ جنوری 1938ء کو سب رس جاری کیا ۔ وہ لکھتے ہیں ۔

''سب رس ادارہ ادبیات اردو کا ترجمان ہے جو ہر مہینے اردو زبان وادب کی خدمت کیلئے شائع ہوا کرے گا ۔ اس ادارہ نے اب تک سنجیدہ علمی وادبی کتابیں شائع کرکے اردو کی جو خدمت کی ہے وہ علم دوست اصحاب سے مخفی نہیں ہے ۔ لیکن اس خدمت سے خاص خاص اہل ذوق ہی مستفید ہوسکتے ہیں ۔ اس لئے ابتداء ہی سے دھیان لگائے ہوئے تھا کہ ایک ایسا رسالہ بھی نکالا جائے جس کی رسائی سب تک ہو اور جس میں سب کی دلچسپی کا خیال رکھا جائے'' ۔

ماہنامہ 'سب رس' کی اٹھان ہی کچھ ایسی تھی کہ وہ سب کا رسالہ تھا ۔ ہر عمر کے مرد وخواتین، عام اور پڑھے لکھے قارئین کیلئے تھا ۔ اس لئے کوشش یہ کی گئی کہ سب رس کی زبان آسان، سادہ اور سلیس ہو ۔ مختلف موضوعات پر دلچسپ مضامین' افسانے' اور نظموں کی گنجائش رکھی گئی ۔

ڈاکٹر زور نے ''سب رس'' کے حوالے سے ادبی صحافت کا اپنا نقطہ نظر اس طرح پیش کیا ہے:

''ہمارے بہت سے کام ایسے ہوتے ہیں جن کا اثر یا فائدہ ایک خاص حلقہ یا طبقہ تک ہی پہنچتا ہے ۔ اب ایسے کاموں اور تحریکوں کی زیادہ ضرورت ہے جو سب رس بن سکیں اور ایسے ماہنامے اور روزنامہ نکالے جائیں جن میں بھانت بھانت کی باتوں اور طرح طرح کی معلومات کا نچوڑ ہو ۔ جن کو ہر شخص دلچسپی سے پڑھ سکے جو کسی خاص علم وفن کا ماہر نہ ہو اور اپنی فرصت کی گھڑیوں کو خوشگوار طریقہ سے گزارنا چاہتا ہو ۔ یہی ایک ذریعہ ہے جس سے اردو زبان کی مقبولیت میں اضافہ ہوگا اور ہماری آواز دور دور تک پہنچ سکے گی ۔ یہی طریقہ ہماری بہت خامیوں کو دور کرنے کا باعث بھی بنے گا اور ہم میں ایسی خوبیاں پیدا کرے گا جن کا نہ ہونا ہماری ترقی میں رکاوٹیں پیدا کررہا ہے'' (سب رس جنوری 1938ء)

ادبی صحافت کے کچھ اپنے مسائل ہیں جن سے ہر ادبی ماہنامہ نبرد آزما ہے اور یہ مسائل سو سال پہلے بھی تھے اور آج بھی ہیں ۔ ادبی رسائل کو نہ صرف نئے قلمکاروں کو روشناس کرانا پڑتا ہے بلکہ باذوق قارئین کو بھی پیدا کرنا پڑتا ہے ۔ عموماً ادبی رسائل وقت پر شائع نہیں ہوتے ۔ تعداد اشاعت نہایت کم ہوتی ہے اور اخراجات تلے دبے رہتے ہیں ۔ بہت کم اشتہارات ملتے ہیں ۔ ایک ایک خریدار کو پکڑنے کیلئے سو سو جتن کرنے پڑتے ہیں ۔ نتیجہ یہ ہوتا ہے کہ بہت سے رسائل جو نہایت آب وتاب کے ساتھ جاری ہوتے ہیں کچھ دنوں بعد ہی دم توڑ دیتے ہیں ۔ ڈاکٹر زور صحافت کی اہمیت وافادیت کے قائل تھے اور ادبی صحافت کے ان مسائل سے بھی آگاہ تھے ۔ وہ جانتے تھے کہ ادبی رسالے کے قارئین ملنا بہت مشکل ہیں لیکن وہ ہمت ہارنے والوں میں سے نہیں تھے ۔ ان کی زندگی کا مقصد اردو کی ترقی وتوسیع رہا ہے ۔ انہوں نے عزم کررکھا تھا کہ

ماحول کتنا ہی حوصلہ شکن کیوں نہ ہو وہ باذوق قارئین کو پیدا کر کے ہی دم لیں گے ۔ انہیں احساس تھا کہ باشعور قارئین کی تعداد کم ہوتی ہے لیکن یہ سماج کی تعمیر و ترقی میں بے حد اہم رول انجام دیتے ہیں ۔ 1938ء کے ادبی ماحول کا تذکرہ سب رس کے ابتدائی شمارے میں یوں بیان کرتے ہیں ۔

'' آج حیدرآباد کو علم و فضل کا مرکز سمجھا جاتا ہے اور جامعہ عثمانیہ کی وجہ سے یہاں اردو کے اہل علم میں روز بہ روز اضافہ ہو رہا ہے ۔ لیکن یہ نہایت افسوس کی بات ہے کہ اخبار و رسائل کے مطالعہ کا ذوق عام نہیں ہوا ہے ۔ ہم کوشش کریں گے کہ ہر اردو داں اپنے فرصت کے اوقات میں کچھ دیر ضرور مطالعہ کیا کرے ۔ جب تک مطالعہ کا ذوق وسیع نہ ہوگا ہم ایک دوسرے سے واقف ہوسکیں نہ ہمارے خیالات میں یکسانیت پیدا ہو سکے گی نہ ہمارا ادب وسعت حاصل کر سکے گا اور نہ ہماری زبان میں ترقی ہوگی '' ۔ ماہنامہ 'سب رس' کم از کم 64 صفحات اور زیادہ سے زیادہ 96 صفحات پر ہر ماہ عیسوی کے پہلے ہفتہ میں شائع ہوا کرتا تھا ۔ حیدرآباد کے قارئین کیلئے اس کی قیمت فی پرچہ چھ آنے اور سالانہ چار روپے تھی جبکہ حیدرآباد سے باہر کے قارئین کیلئے فی پرچہ سات آنہ اور سالانہ 4.50 روپے قیمت مقرر تھی ۔ رسالے کے اغراض و مقاصد اور اشتہارات کے نرخ بھی پہلے صفحہ پر شائع کئے جاتے تھے ۔ کوئی کام کرنا یقیناً بڑی بات ہے لیکن اس سے بھی بڑی بات سب کو ساتھ لے کر کام کرنا ہے ۔ ڈاکٹر زور میں کام لینے کا سلیقہ تھا ۔ کس سے کون سا کام لینا وہ خوب جانتے تھے ۔ نئے لکھنے والوں کو جمع کرنا اور ان کی ہمت افزائی کرنا' ڈاکٹر زور کی سنت رہی ہے ۔ تبھی تو انہوں نے اپنے دونوں شاگردوں صاحب زادہ میر محمد علی خان مکیش اور خواجہ حمید الدین شاہد کو سب رس کی ادارت کیلئے منتخب کیا ۔ پھر اپنی ہی نگرانی میں ایک مجلس ادارت قائم کی جس کا سلسلہ آج تک قائم ہے ۔ خواجہ حمید الدین شاہد کو ڈاکٹر زور سے کچھ اس حد تک لگاؤ تھا کہ وہ آزادی کے بعد پاکستان منتقل ہوگئے اور وہاں پر ادارہ ادبیات اردو قائم کیا اور ایک رسالہ جاری کیا جس کا نام بھی ''سب رس'' رکھا ۔

ڈاکٹر زور نے مضامین کے انتخاب میں وسیع النظری سے کام لیا ہے ۔ انہوں نے واضح طور پر کہا کہ افسانوں' نظموں ' علمی' ادبی اور تنقیدی مضامین اور اردو کی مطبوعات پر غر جانبدار تنقیدوں کے سوا آرٹ اور تصویر (سنیما) پر بھی دلچسپ مصور مضمون چھپتے رہیں گے اور اس بات کی کوشش کی جائے گی کہ سب رس تمام ہندوستان میں پہنچے اور ہر جگہ شوق سے پڑھا جائے ۔ بچوں اور طلبہ کا بھی حصہ رہے ۔ اس لئے سب رس کے آخر میں ضمیمہ کے طور پر بچوں اور طلبہ کیلئے ایک حصہ مختص کیا گیا تھا جس میں طلبہ کی دلچسپی کا سارا سامان موجود تھا ۔ معمے' پہیلیاں' انعامی مقابلے اور خوبصورت نظمیں و کہانیاں بچوں کو بے حد پسند آتی تھیں ۔ بچوں کی پسندیدگی کا لحاظ رکھتے ہوئے ''بچوں کا سب رس'' 1939ء میں علحدہ ضمیمے کے طور پر شائع ہونے لگا ۔ جس کی قیمت صرف ایک روپیہ سالانہ تھی ۔ اس کی ادارت کی ذمہ داری معین الدین انصاری کے سپرد تھی ۔ لیکن بعد میں یہ سلسلہ بند ہو گیا تھا ۔ سب رس کا ایک اور ضمیمہ ''سب رس معلومات'' 1940ء سے شائع کیا جانے لگا ۔ جس میں تاریخی' سائنسی' معلوماتی مضامین 'مشاہیر کے سوانح عمریاں' کھیل کود کی خبریں اور مسابقتی امتحانات سے متعلق معلومات دی جاتی تھیں ۔ اس ضمیمہ کے مدیر عبدالحفیظ صدیقی تھے ۔ یہ ضمیمہ بھی زیادہ دنوں تک جاری نہ رہ سکا ۔

ڈاکٹر زور نے اپنی نگرانی میں 'سب رس' کے کئی ایک خصوصی نمبر شائع کئے جن میں مرقع دکن نمبر' اقبال نمبر' جنگ نمبر' اردو کانفرنس نمبر' ترقی پسند ادب نمبر' مکیش نمبر' صفی اورنگ آبادی نمبر' امجد حیدرآبادی نمبر' ادارہ نمبر' محمد قلی قطب شاہ نمبر اور ٹیگور نمبر قابل ذکر ہیں ۔ ڈاکٹر زور کے زمانہ حیات میں کچھ عرصہ تک سلیمان اریب بھی 'سب رس' کے مدیر رہے پھر زور صاحب کی وفات کے بعد مولوی اکبر الدین صدیقی بارہ سال تک اسی رسالے

کی ادارت کے فرائض انجام دیتے ہیں۔ پروفیسر مغنی تبسم ایک چوتھائی صدی سے 'سب رس' کے مدیر رہے ہیں۔آپ نے دریا دلی سے رسالے کی ضخامت' کتابت وطباعت اور خوبصورت گٹ اپ دینے میں کوئی کسر نہیں چھوڑی۔انہوں نے سب رس کے کئی خصوصی نمبر اور قلمکاروں کے کئی خصوصی گوشے شائع کئے ہیں۔''سب رس'' کو امتیازی خصوصیت عطا کرنے میں پروفیسر مغنی تبسم کا غیر معمولی کردار رہا ہے۔وہ خود لکھتے ہیں:

''اس رسالے (سب رس) کی نمایاں خصوصیت اس کا علمی ادبی تنوع ہے۔آغاز ہی سے یہ خیال پیش نظر رہا ہے کہ اس میں سب کیلئے سب کچھ ہو۔ چنانچہ سب رس میں علمی وتحقیقی مقالوں کے ساتھ تحقیقی ادب کو بھی جگہ دی جاتی ہے اس کے علاوہ عام فہم زبان میں معلوماتی مضامین شائع کئے جاتے ہیں۔سب رس کے اجراء کا مقصد نئے لکھنے والوں کی ہمت افزائی رہا ہے۔اردو کے کئی ادیبوں اور شاعروں کی ابتدائی تخلیقات ''سب رس'' میں شائع ہوئیں۔آگے چل کر انہوں نے ادبی دنیا میں اہمیت اور شہرت حاصل کی'' (سب رس مارچ 1982ء)

پروفیسر بیگ احساس نے ماہنامہ سب رس کی ترقی وتوسیع میں بساط بھر کوشش کی اور رسالے کو خوب سے خوب تر بنانے میں کوئی کوئی کسر نہیں چھوڑی۔آج کل اس رسالے کے مدیر پروفیسر ایس اے شکور ہیں ان کے سامنے مسائل بہت ہیں مگر وہ کسی نہ کسی طرح ماہنامہ سب رس کو نہ صرف جاری رکھے ہیں بلکہ زور نمبر بھی شائع کرنے کے لیے کامیاب کوشش کر رہے ہیں۔امید واثق ہے کہ ان کی ادارت میں رسالے کی مجلس ادارت اور مجلس مشاورت میں کچھ اہم اور حرکیاتی شخصیتیں شامل کی جائیں گی تاکہ پرچے کے معیار ومزاج میں اضافہ ہو کیوں کہ ماہنامہ سب رس نے ابتداء ہی سے دکنی ادب کی تحقیق اور بازیافت سے متعلق بلند پایہ محققین اور ماہرین دکنیات کے بے شمار مقالے' مضامین اور نو دریافت ادب پارے شائع کئے ہیں۔امید ہے کہ یہ سلسلہ جاری رہے گا اور ادبی صحافت کو معیاری بنانے میں حیدرآباد کو مرکزی اہمیت حاصل ہوگی۔آج ماہنامہ ''سب رس'' 84 ویں برس میں داخل ہوا ہے۔ ہم ڈاکٹر زور کی صدی تقاریب منا چکے ہیں اور وہ دن بھی آئے گا جب ہم 'ماہنامہ' سب رس'' کی صدی تقاریب شان وشوکت کے ساتھ منائیں گے۔

OOO

’’یادیں‘‘ (جو زور صدی پر پڑھی گئیں)

مضمون ________________ تسنیم زور

میرے والد ڈاکٹر سید محی الدین قادری زور کے علمی تعلق سے ابھی آپ نے کچھ اس کتابچہ میں پڑھا یا پڑھیں گے۔ ویسے ہم نے بھی خود دوسروں کے لکھے ہوئے مضامین ہی سے اپنے والد صاحب کی عظمت کو جانا۔ میں جواب آپ کو سنانے چلی ہوں وہ بالکل ہی ذاتی بچپن و لڑکپن کی یادیں ہیں۔ دریا کو کوزے میں بند کرنے کی بڑی کوشش کی ہے۔ اس بیاں میں ’’تہنیت منزل‘‘ کا ذکر کئی مرتبہ آیا ہے جو ہماری رہائش گاہ ۷۵ سال رہی ہے۔

شام کے وقت ’’تہنیت منزل‘‘ گلابوں کی خوشبوں میں مہکا ہوا، موتیا و موگرا کی خوشو میں نہایا اور رات کی رانی کی خوشبو میں ڈوبا ہوا رہا کرتا تھا، اور والد محترم اپنے تخت پر بیٹھے ہوئے گلستاں اردو کا گلزار مہکاتے ہوئے مصروف رہتے۔ گھڑی جو سامنے کی دیوار پر لگی رہتی اس پر نظر ڈالتے اور کہتے کہ پون گھنٹہ میں میں نے ایک مضمون مکمل کرلیا۔ اطمینان کی سانس لیتے باز و رکھے چاندی کے پاندان سے ایک بیڑا بناتے اپنے احباب کو بھی پیش کرتے اور مسکراتے ہوئے ان سے گفتگو بھی ہوتی اور ساتھ قلم بھی چلتا رہتا۔

آگے تو بیسوں کتابیں لکھ چکے تھے زمانہ لڑکپن ہی سے ادبی شوق شروع ہو چکا تھا۔ تعلیم کے ہوتے ہوتے اردو و انگریزی کے شہکار کتابوں کے مصنف ہو چکے تھے۔ ایک دن کا واقعہ ہے کہ ہم ’’تہنیت منزل‘‘ کے سبزہ زار پر کھیل رہے تھے۔ ایک Rolls Royce گھر کے ورانڈے کے سامنے آ کر رُکی۔ اس میں ایک انگریز نما شخص تشریف فرما تھے۔ کچھ ہی منٹوں میں والد صاحب شروانی زیب تن کیے ورانڈے کی سیڑھیاں اُترتے ہوئے ان کا بڑی گرم جوشی کے ساتھ استقبال کرتے نظر آئے۔ وہ صاحب تھے نواب عالم یار جنگ۔ نواب صاحب نے اپنے ڈرائیور کو اشارہ کیا کہ تمام سامان کار سے اُتار کر اندر پہنچاؤ۔ اتنے میں گھر کے ملازم بھی آ پہنچے۔ دیکھتے ہی دیکھتے کئی ٹاٹ کے تھیلے گھر کے بڑے ہال میں رکھوا دیئے گئے ایک دو دن بعد والد صاحب تھیلوں کو کھول کر ایک ایک بوسیدہ کاغذ بڑی احتیاط کے ساتھ نکالتے اور ایک پر ایک رکھ کر ڈوری سے باندھتے جاتے اور الگ الگ رکھتے جاتے۔ ہم لوگ بڑے تعجب و استعجاب کے عالم میں یہ سب دیکھتے رہتے۔ یہ ہماری سمجھ سے باہر تھا۔ دنوں یہی مشغلہ جاری رہتا۔ منھ پر کپڑا باندھ کر ایک ایک ورق پڑھتے جاتے اور الگ الگ رکھتے جاتے۔ ان کاغذات میں فارسی، عربی، دکنی کے چیدہ چیدہ ورق ہوا کرتے۔ اب جب ہم ادارے اور ایوان اردو کے مخطوطات کی الماریوں میں جلد بند کیے ہوں مخطوطات دیکھتے ہیں تو وہ منظر آنکھوں میں گھوم جاتا ہے۔ کتنی محبت لگن و جستجو سے انھوں نے یہ کام کیا اور یہ سن کر دلی مسرت ہوتی ہے کہ جب دنیا کے تقریباً ہر قطعہ سے اسکالرز اس سے مستفید ہوتے ہیں اور والد صاحب کی اپنے دل کی گہرائیوں سے مداح فرمائی کرتے ہیں یہ کہہ کر کہ ان کا تلاش کردہ Record صرف یہیں حاصل ہوتا ہے۔

ہم نے جب سے ہوش سنبھالا بابا کو لکھتے پڑھتے اور رات دیر گئے تک علمی تحقیقاتی اور ادارے و کالج کے کاموں میں مصروف پایا۔ بابا فجر سے ہی اُٹھتے نماز و درود کے بعد بڈ ڈی لیتے۔ اخبارات کا مطالعہ ہوتا۔ باغ میں ایک آدھ گھنٹہ کیاریوں کو خاطر خواہ پانی پہنچانے کا انتظام خود کرتے اور مالی کو ہدایات ہوتیں۔ ہم کو جگایا جاتا کیوں کہ صبح عربی کے اُستاد مقرر تھے۔ ویسے بھی بابا کو دیر تک سونا پسند نہیں تھا اور پھر سات بجے سب کو ناشتہ ان کے ساتھ رہنا ہوتا اور اسی طرح شام ۸ بجے کھانے پر بھی رہنا ضروری تھا۔ وہ ہمیں اچھی صحت رکھنے اور پڑھائی پر توجہ کے لیے خاص تاکید کیا کرتے۔ ہر اتوار سب بچوں سے الگ الگ پڑھائی کے متعلق دریافت کرتے اور کسی بھی مدد کے لیے

ہمیشہ تیار رہتے۔ ویسے ہم لوگ ماشاء اللہ نو بھائی بہن تھے۔ غرض صبح نو بجے تک والد صاحب لکھنے پڑھنے کے کاموں میں یکسر ڈوبے رہتے پھر ہم سب بھائی بہنوں کو اسکولس چھوڑتے ہوئے اپنے کالج جانے سے قبل روز اپنے والد محترم کی درگاہ پر ضرور جاتے۔ وہ اپنے والد کا بہت احترام کرتے تھے جو ایک رفعاعی مشائخ سانگڑے سلطان مشکل آسان' قندہار سلسلہ کے مشہور ممتاز و معروف مرشد تھے۔ جن کا قدریانہ سلسلہ نسب حضرت عبدالقادر جیلانی ''غوث اعظم'' رضی اللہ عنہ سے ملتا ہے۔

بابا نے ہمارے بڑے بھائی سید تقی الدین قادری صاحب کو نو سال کی عمر میں ہی دادا حضرت کی درگاہ کا سجادہ نشین بنا دیا اور خود اپنے آبائی پیشہ سے ہٹ کر ادبی و علمی کاموں میں مشغول ہو گئے۔ لیکن ساتھ ہی ہر سال دادا حضرت کا عرس بڑی دھوم دھام سے مناتے۔ ہم سب اور اکثر رشتہ دار ایک ہفتہ کے لیے درگاہ منتقل ہو جاتے وہیں سے اسکول آنا جانا رہتا۔ تین چار دن کے تقاریب ہوتے اس دوران رفائی فقیر خوب کرتب دکھلاتے جیسے ایک گال سے بھالا چبھایا دوسرے گال سے نکالا اس طرح مختلف کرتب کرتے، ہم سب بچے ڈرے سہمے یہ تماشا دیکھتے۔ بازار بھی لگتا ہم سب بچے تمام کزن وغیرہ خوشی خوشی اپنے Pocket Money سے کھلونے وغیرہ خریدتے۔ صندل اونٹ پر مسجد چوک سے لایا جاتا، صندل مالی ہوتی پھول و چادر چڑھائی جاتی، وعظ ہوتا، مشاعرہ، قوالی اور ختم قراں ہوتا غریبوں کو ہر روز کھانا کھلایا جاتا۔ ہر کام بابا بہ نفسِ نفیس کرتے ہندو مسلم سبھی شرکت کرتے۔ گویا بابا انگریزی تہذیب سے خوب واقف تھے اور کئی سال لندن پیرس میں گزارے تھے پھر بھی انھوں نے اپنے والدین کی اتنی قدر و عزت کی شاید ہی کوئی کرے۔ وہ وفات تک تہنیت منزل میں ہی ہمارے ساتھ رہا کرتے۔ بابا کی نظر میں دادا حضرت کی عظمت و منزلت اور بھی بڑھ گئی جب سے بابا نے انھیں دفن کے چالیس دن بعد قبر میں تر و تازہ پایا، بابا نے جب قبر پختہ کرنے کا ارادہ کیا اور گورکھوں کو کڑی ہٹانے کہا تو ان سب نے انکار کر دیا۔ بابا نے بہ ذات خود کڑی ہٹائی تو پہلے خوب خوشبو آئی۔ اندر نظر ڈالی تو دیکھا کہ کپڑا چہرے سے ہٹا ہوا ہے داڑھی اور چہرہ بالکل ویسے ہی جیسے ابھی دفن کیا ہو۔ بابا پر بہت اثر ہوا۔ کہتے ہیں کہ حافظ قراں کا دل و دماغ اللہ محفوظ کر لیتا ہے۔ ہمارے دادا صاحب حضرت قبلہ حافظ ابو برکات سید شاہ غلام محمد قادری ''زعمؔ'' کے کرامات آج تک جاری ہیں اور عرس ہر سال اسی طرح ۵ ربیع الاول کو منایا جاتا ہے۔ اب دادا حضرت کی درگاہ کے سجادہ نشین بڑے بھائی کے فرزند سید شاہ محی الدین قادری عرف مبشر پاشاہیں۔

اسکول سے آنے کے بعد ہمارے کزنس رفعت منزل، (نواب رفعت یار جنگ بہادر کے مقام گاہ جس کے دامن ہی میں ہمارا مکان تہنیت منزل تھا) سے آجاتے ہم سب بچے باغ میں گلابوں گلِ گلزار میں خوب دھوم مچاتے۔ والد صاحب کالج سے آنے کے بعد چائے کے ساتھ پھر اپنی ادبی مصروفیات میں لگ جاتے مسلسل ان سے ملنے کوئی نہ کوئی آتا رہتا۔ بعد مغرب ہم سب والدین کے ساتھ چہل قدمی کو رفعت منزل کی پہاڑیوں سے ہوتے ہوئے حسین ساگر تک جاتے۔ بابا کی دلچسپ حیدرآباد کی تہذیب و تمدن کے بارے میں باتیں اور اس کے لطیفوں میں واپس گھر پہنچ جاتے۔ لطیفوں پر یاد آیا کہ جب بھی ہمارے عزیز خالو، ماموں وغیرہ آتے۔ ہمیشہ یہی کہتے کہ ''جب بھی ہم یہاں آتے ہیں زور صاحب اتنا ہنساتے کہ عمر میں کبھی اتنا نہ ہنسا تھا۔ اب تو یوں لگتا ہے۔ جو کچھ کہ دیکھا خواب تھا۔ جو سنا افسانہ تھا۔

والد صاحب اچھے خاصے آرٹسٹ اور کچھ کچھ آرکیٹکٹ بھی تھے۔ ان کا ایک فولڈر تھا جس میں بے حساب اسکیچز، عمارتوں کے نقشہ جالیوں کی طرح طرح کی Designs اور Potraits صرف ایک ان کی Self Portrait ملی جو میں نے یہاں Pin up کی ہے۔ انھیں تعمیر سے بے حد لگاؤ تھا۔ کئی عمارتیں اپنی نگرانی میں تعمیر کروائی Basic نقشہ خود پہلے بنا لیتے پھر بہزازِ دکن جناب فیاض الدین نظامی صاحب کے حوالے کر دیتے۔ تہنیت منزل میں دو عالی شان مکان۔ شہر میں مسلم جنگ پل کے بازو اپنے والد قبلہ حافظ ابو برکار سید شاہ غلام محمد قادری زعمؔ

کی شاندار گنبد، درگاہ میں خانقاہ کے علاوہ کئی اور عمارتیں ۔ یہ ''ایوان اردو'' عالی شان عمارت بھی بابا کی مسلسل انتھک کاوشوں نے پائے تکمیل کو پہنچایا۔ ایوان کی تعمیر میں بابا نفسِ نفیس عملی حصہ لیتے بلکہ چھٹیوں میں بھائیوں کو بلا کر تھاپی پھوڑا دے کر کہتے کہ آ و اردو کے گھر کی تعمیر کرو۔ ہم سب مزدوروں کے ساتھ خوشی خوشی اینٹ پر اینٹ پتھر پر پتھر رکھنے اور گاڑی مٹی اٹھا کر دیواروں پر ڈالتے۔ بڑے بھائی صاحب کو اسپرے مشین دلوا کر ''ایوان'' کے درو دیوار کھڑکیاں پینٹ کروائے۔ کلر خود پسند کرتے۔ کتبوں کے چربے لاتے اور ہم بہنوں سے اس میں رنگ بھرواتے اور جب وہ خوشنما تحریریں تیار ہو جاتیں تو بابا کا چہرہ خوشی سے چمکتا اور وہ خود ایوان اردو کی عمارت کی دیواروں پر لگاتے اور اس کو پڑھ پڑھ کر سناتے اور خوش ہوتے۔ بابا اپنی عمارتوں میں کھڑکیوں کی بجائے اپنی ہی خوبصورت Design کی ہوئی جالیاں بنواتے۔ اس طرح تہنیت منزل، درگاہ کی تمام عمارتوں اور ایوان اردو میں بھی قرانی آیتوں کی جیسے سورہ اخلاص و آیۃ الکرسی چاروں جانب سے Calligraphically اُتار کر بنواتے۔ چند سال قبل میں ''الحمرہ'' Spain گئی تو دیکھ کر حیران رہ گئی تب پتہ چلا کہ یہ اثر وہیں کا تھا۔ ویسے ایوان اردو کا Main دروازہ بھی تو مسجد قرطبہ کے محرابوں کی طرح ہے۔

بابا کو باغ پانی سے گہری دلچسپی تھی۔ اپنی ادبی گوناگوں مصروفیات کے باوجود ہر صبح اور شام مالی کے ساتھ باغ میں مصروف رہتے۔ انھوں نے باغ بھی بہت ہی بڑے ہی حسنِ سلیقہ سے بنوایا تھا Drawing Room کے سامنے کافی بڑا Rectangular Elevated Lawn جس کی دونوں جانب انگریزی گلاب کے خوشبودار Hedges باغ بھی بہت کشادہ تھا۔ مختلف نایاب انواع و اقسام کے میوں اور پھولوں کے درخت و پودے بڑے ہی عمدگی سے لگے ہوئے تھے۔ حیدر آباد میں اس زمانے میں نہ اُگنے والے درخت جیسے انگلش Cherry سیب، ناشپاتی، انگور، انار، گلر، شہتوت اور بادام کے علاوہ روئی و Cork کے اونچے درختوں کی قطار جس کے پھول بہت ہی انوکھے وخوشبودار ہوتے تھے۔ میں نے لندن میں پچیس تیس سال قبل گھر کی یاد میں یونہی بیٹھے بیٹھے Sketch کیا تھا جو یہاں Pin Up ہے کافی Detail شامل ہے۔ آپ ضرور دیکھ سکتے ہیں۔

بابا ہم بچوں کو بھی ہمیشہ ضرور involve کرتے جب آمرئی و جامرئی میں پیوند لگایا جاتا تو ہر بچہ کے نام ایک پودا مقرر ہو جاتا اور پھر اسی دن سے اس کی دیکھ بھال کا ذمہ دار بنا دیا جاتا۔ ہم سب میں خوب شرطیں لگتی کہ کس کا پودا پہلے پھل دیگا۔ اس طرح جب چاند تارہ نما حوض بنوائے گئے ہم سب کو چینی کے رنگ برنگی ٹکڑوں کو حوض کے اطراف تاروں کے نقش میں Concrete میں لگانے کا ذمہ دیا گیا۔ ہملوگ خوشی خوشی اس کی سجاوٹ میں لگ جاتے۔ پھر حوضوں کے بیچ کوئی نہ کوئی خوب صورت Feature جس سے فوارے نمودار ہوتے۔ درگاہ کے باغ میں بابا نے ایک بہت ہی انوکھا خوبصورت Waterfall بنوایا۔ ایک چھ فٹ کی Slant دیوار جس پر مچھلی کے Scales کی Design جب پانی اس پر سے بہتا ہوا Reflecting Pools میں گرتا اور نیچے سے رنگین روشنی کی جگمگاہٹ بہت ہی سحر انگیز نظارہ ہوتا خاص کر اس زمانہ میں اور اس نوخیز عمر میں۔

ہمیں اچھی طرح یاد ہے کہ جب ہم بابا کے ساتھ گولکنڈے کی سیر کو جاتے تو راستہ میں وہ ہمیں وہ مقام دکھلاتے جہاں سے شاہی رقاصہ ''تارامتی'' تار پر رقص کرتی ہوئی قلعہ کے بالا حصار پر پہنچتی تھی۔ بابا کی زبانی تمام واقعات سنتے تو بڑا لطف آتا۔ ان کا طرز بیاں اس قدر دلچسپ ہوتا کہ ہر کوئی اس کہانی کا حصہ ہو جاتا۔ ہر ہر قدم پر ایک نئی کہانی وہ قطب شاہی سلاطین کی گویا جیتی جاگتی انسائیکلوپیڈیا تھے۔ بالا حصار جو 360 سیڑھیوں کی اونچائی پر ہے پہنچنے تک الٰہی محل، مشک محل، کاغذی برج، نگینہ باغ، خداداد محل، شاہی حمام، زنانی محلات وغیرہ وغیرہ کی داستانیں ایسے سناتے جیسے وہ ان کے مصاحب رہے ہوں۔ اس دور کی ہر عمارت کی طرز تعمیر سے بتلا دیتے کہ یہ کس بادشاہ نے کس سن

میں بنوائی تھی۔ کوئی علم دیکھتے تو کہہ دیتے کہ یہ کس قطب شاہ نے کونسی منّت پوری ہونے پر ایستادہ کیا تھا۔

گولکنڈے کے احاطہ میں ایک دو ہزار برس آثار قدیمہ عجوبہ پہاڑ نما ''ہتیان'' کا درخت ہے جو چند ماہ قبل ٹی وی پر National Geography میں Natural Wonders of the World میں دکھلایا گیا تھا۔ اس وقت مجھے بابا کی بہت یاد آئی چوں کہ وہ ہمیں اور اپنے مہمانوں کو اکثر وہاں بھی لے جاتے اور بتلاتے کہ یہ درخت ''ہتیاں'' اس لیے کہلاتا ہے کہ اس کی پیوست پر ہاتھی کی کھل کی طرح جھریاں پڑی ہوئی ہیں اور اس کی شاخیں ایسی لگتی ہیں جیسے ہاتھی سونڈ اٹھائے کھڑے ہوں۔ یہ ایک سوسولہ فٹ چوڑا ہے اور اس کی پیڑ کے اندر پچاس فٹ مربع رقبہ کا کھوکھلا حصہ بالکل گنبدنما ہے۔

پہلے یوم قلی کے وہ دن شاید ہی بھلا سکیں سارا ماحول وسماء قلی قطب شاہ کے دور ہی کی طرح پیش کیا گیا تھا۔ ماہی مراتب، گھوڑوں اور ہاتھیوں کی وہی شاہی سجاوٹ ان کے سوار بھی قطب شاہی لباس میں ملبوس، جلوس چار مینار سے قطب شاہی گنبدوں تک، سارا حیدرآباد جیسے اُمڈ آیا Loud Speakers پر تمام راستہ قمر ساحری کا نغمہ ''میرا وطن عظیم ہے عظیم ہے'' گونجتا ہوا اور مخدوم کی نظم ''بھاگمتی'' پیار سے آنکھ بھر آتی ہے کنول کھلتے ہیں۔ جب کبھی لب پہ تیرا نام وفا آتا ہے۔ ڈھل راؤ اور ساتھیوں کی آواز میں۔ پھر قلی کی گنبد پر وہ رونق، تین دن تک جلسے Dolphin Diaz کی سریلی آواز میں محمد قلی کی غزل ''پیا باج پیالا پیا جائے نا، پیا باج تجھ بن جیا جائے نا'' اس کے بعد بھی یوم قلی منایا جاتا رہا مگر وہ بات کہاں۔ بابا کے ساتھ ہماری یادیں اہم اس لیے بھی ہے کہ رمضان میں سحری اور شاندار افطار کا انتظام ہوتا ہی تھا اس طرح ہر محرم میں بھی بڑا اہتمام ہوتا۔ عاشورہ کے دن ہمارے گھر کچھ نہ پکتا، پورے دس دن ریڈیو پر علامہ رشید ترابی کو خود بھی بڑے مہو کر سنتے متاثر بھی بے حد ہو جاتے اور ہم سب کو بھی سنواتے۔ بی کے علم دیکھنے کا بھی انتظام شہر کی کسی بارہ دری پر کرواتے جہاں سے علم گزرتا ہو۔ بی بی کے علم کا ہاتھی بڑے خاص طریقہ سے سجایا جاتا اور اسے (ہاتھی) کو آنسوؤں میں دیکھ کر بڑا تعجب ہوتا۔ اس طرح دیوالی پر دیپک Lights دیکھنے ضرور لے جاتے۔ اپنے کائست و ہندو دوستوں کے پاس میٹھائی لے بھی جاتے اور وہاں بھی میٹھائی خوب کھاتے۔ Xmas میں Cakes بھی آتے۔ شب برأت پر ''تہنیت منزل'' کی چاندنی پر آتش بازی پٹاخوں کا اہتمام ہم بچوں کے لیے ہوتا لیکن بابا بھی برابر کے شریک ہوتے۔ اس وقت میرے ذہن میں تخلیات کا ایک ہجوم ہے۔ وہ آئے دن کے مشاعروں کا ہنگامہ، جوشؔ سے لے کر اوجؔ وشاربؔ تک حیدرآباد کے اعلیٰ گیسٹ ہاوسز ''ہوش ربا''، ''دلکشا''، قدوائی کاٹج'' اور گنبدوں سے لے کر ''تہنیت منزل'' کے لان وہاں تک۔ بابا کا طالب علمی کے زمانے کا ایک شعر۔

اب وہ خیال مست معٔ خواب ہو گئے
غرقِ الم نشاط کے اسباب ہوگئے

بابا غضب کے Collector بھی تھے۔ Coins، Stamps، Match Box اور Cigarette کے Covers، European Original Painting Cards الگ الگ Albums میں بڑے قرینہ سے لگے ہوئے تھے۔ Coins کا گول میز تھا جس میں مخمل مڑا ہوا Coins کے Sizes کے سانچے جس میں Date Wise Coins جمع ہوتے اس میز کا Cover کانچ کا تھا تاکہ دیکھا جائے ہم لوگ خاص کر گھٹنوں کھڑے تمام Currency پڑھتے اور محظوظ ہوتے۔ بابا ویسے بے انتہا Organised انسان تھے۔ ویسے ان کا کوئی بھی Collection ہم لوگوں سے چھپا نہ ہوتا۔ کبھی دیکھنے منع نہ کرتے۔ صرف کبھی کبھی احتیاط کی تاکید کرتے۔ ہمارے بابا آرٹس کو سراہتے تھے۔ Michael Angeloo، Rebecca قد آدم مجسمہ Shelley، Woodworth، Tennyson، Shakespear کے Busts، Bronze اور Plaster of Paris میں تراشے ہوئے۔ بڑے بڑے Imported French Paintings جو طویل عرصہ تک تہنیت منزل کے ہال کی زینت بنے رہیں۔

انھیں (بابا) کو Astrology اور Palmistry سے بھی کافی دلچسپی تھی اور بڑا علم حاصل تھا۔ اکثر ساتوں کی حرکت کی باتیں رہتیں۔ اتنی عمر گزرنے پر لگتا ہے کہ ان کی پیشن گوئیاں اور ہاتھوں کی لکیروں کا ہنر اکثر درست نکلا۔

انھوں نے اپنے ہر بچہ (نو) کیلئے اس کی پیدائش سے واقعات 1960ء تک ان کی ڈائیری میں خوب صورت قلمی تحریر کروائیں۔ ہر ایک کی ڈائیری میں شجرے، ددھیال ونھیال دونوں طرف کے دونوں خاندان کے درج ہیں جسے ہم اب بھی اکثر Refer کرتے رہتے ہیں۔

والد صاحب کو گھومنے کا بھی بہت شوق تھا۔ ہر گرما کی تعطیلات میں ہمیشہ ہم کو کہیں نہ کہیں لے جاتے۔ اورنگ آباد وہاں کے تمام مقامات ایلورہ، اجنتا اور پن چکی وغیرہ خاص ہیں۔ بیدر میں خاص مقبرے، آم اور قسم قسم مزےدار گنے کے گوڑ کے بکٹس Buckets کا مزہ آج تک یاد ہے۔ کئی بار بنگلور، میسور، مہاراجہ کے محلات، کرشنا راج ساگر وغیرہ اوٹی اس زمانہ میں بہت خاص تھا۔ Yarcord بھی Hill Station تھا۔ گلبرگہ رائچور میں سونے کے کانوں کا معامہ بھی غیر معمولی تھا۔ پھر ممبئی میں ساحر وشکیل بدایونی کے ہمراہ Milk Colony میں Full Moon Marive Dr. کے زمانے میں بڑے غلام علی خاں کے Concert سب یادگار بن گئے۔ پھر دہلی، شملہ وسری نگر اور کشمیر کے سارے برف پوش مقامات، مجھے سب یاد ہے بہت بہت۔

ہر سال بابا ہمیں نمائش اکثر لے جاتے اور ہر مرتبہ ہر ایک کو Balloons کے علاوہ ان کی خواہش کے مطابق کچھ نہ کچھ دلاتے۔ مجھے ایک بڑی کافور کی گڑیا دلائی تھی جو اب تک میری یادوں وتصورات کی پری بنی ہے۔

بابا ویسے بھی Linguistic تھے لیکن فارسی تو جیسے ان کی زباں ہی تھی دن میں کئی مرتبہ فارسی کے محاورے گفتگو میں ہوئے۔ کبھی کبھی German و French میں بھی بات کرنے لگتے۔ Dol Chi Na Dil Tabosoo اکثر کہتے اور بھی بہت کچھ کہتے جاتے ہم سب حیرت سے دیکھتے رہ جاتے تو اپنا مخصوص قہقہا لگا کر کہتے ہر فن میں ہوں میں طاق مجھے کیا نہیں آتا۔ واقع ایک شخص میں اس قدر بے مثال لاجواب خصوصیات شاید ہی ملیں گی اور پھر صرف چھپن 56 سال میں اتنا کچھ کر گئے یقین سے باہر ہے۔ یہی بڑا افسوس ہے کہ جس کو ہم نے کبھی نزلہ کھانسی ہوتے ہوئے نہیں دیکھا۔ اچانک اس قدر زور کا دھماکہ دل ودماغ پچاس سال کے بعد بھی ماننے تیار نہیں کہ وہ ہم میں نہیں رہے۔

مت سہل ہمیں جانو پھرتا ہے فلک برسوں
تب خاک کے پردے سے انساں نکلتے ہیں

بابا بہت ہی صاف دل اور کشادہ، دماغ، صاف گو تو تھے ہی کسی کے برے وقت میں خندہ پیشانی سے کام آتے اور لوگوں کی جائز امداد سے کبھی دریغ نہ کرتے۔ نیکی کر دریا میں ڈال کی مصداق۔ کسی کی دست گیری کرتے تو اظہار کبھی نہ کرتے۔ ہمارے گھر کے نوکر اکثر سانپ ڈسنے کا شکار ہوتے بابا سنتے ہی فوراً علاج کرواتے اور پھر خود جا کر مزاج پُرسی کرتے۔ زندگی میں کبھی کسی کو نقصان نہیں پہنچائے نہ قلم سے نہ زباں سے۔ ہم نے بابا کو ایوان کی تعمیر سے لے کر افتتاح تک بھی دیکھا، یوں قلی سے لے کر کشمیر میں جشن کشمیر اور شعبہ اردو وفارسی کی توسیع وترقی تک عوام سے لے کر شاہزادوں، راجاؤں، سفیروں اور عہدیداروں تک سبھی سے ان کا ربط وضبط رہا، انھوں نے کبھی دروغ گوئی اور زمانہ سازی سے کام نہیں لیا۔ سب کو اردو کے لیے استعمال کیا۔ مزاج میں سادگی اور ساتھ نفاست وستھرائی بھی تھی۔ کیوں نہ ہو بابا کا ایک شعر ہے جو ان کے مزاج اور کردار کی طرف واضع اشارہ کرتا ہے۔ فرماتے ہیں۔

ذوق پاکیزہ سے ہر چیز ہے پُر لطف وحسیں
یہ نہ حاصل ہو تو بے کار ہے دنیا ہو کہ دیں

ڈاکٹر محی الدین قادری زور حیات و خدمات

مضمون ____________ ڈاکٹر صابر علی سیوانی

حیدر آباد فرخندہ بنیاد کی سرزمین نے سیکڑوں مشاہیر کو پیدا کیا، جنھوں نے مختلف میدانوں میں اپنی علمی اور فنی کمالات کے ذریعے تاریخ علم وفن کو ثروت مند بنایا جن کی زندگیاں علم و ادب اور فن و ثقافت کو فروغ دینے اور اس کی اشاعت کے لیے وقف تھیں۔ انھی شخصیات میں سے ایک عظیم شخصیت کا نام پروفیسر محی الدین قادری زور ہے جنھوں نے تحقیقی، تنقیدی اور ادبی میدان میں گہرے نقوش ثبت کیے ہیں اور جنھوں نے ادارۂ ادبیات اردو کے قیام کے ذریعے اپنی عظیم خدمت انجام دی ہے۔

ڈاکٹر محی الدین قادری زور کی پیدائش دسمبر 1905ء کو حیدر آباد کے محلہ شاہ گنج میں ہوئی۔ آپ کے والد کا نام حضرت سید غلام شاہ قادری زعم تھا۔ ڈاکٹر زور کی والدہ بشیر النساء بیگم تھیں۔ زور کے نانا محمد وقار الدین اپنے زمانے کے بڑے عالم تھے اور کئی کتابوں کے مصنف بھی تھے۔ مدرسہ دار العلوم سے ابتدائی عربی فارسی کے اسباق کا درس لیا حیدر آباد کے کائستھ پاٹھ شالہ بارہ گلی میں انھیں شریک کرایا گیا۔ بعد ازاں مدرسہ مفید الانام میں داخلہ لیا اور وہیں سے مڈل کلاس کا امتحان پاس کیا۔ اس کے بعد مدرسہ نظامیہ سے مولوی کے نصاب کی تکمیل کی۔ اسی دوران انھوں نے میٹرک کا امتحان 1921ء میں پاس کی۔ 1925ء میں اکیس سال کی عمر میں ایم اے کا امتحان عثمانیہ یونیورسٹی سے نمایاں نمبرات سے پاس کیا اور ساری یونیورسٹی میں اول آئے۔ اسی زمانے میں انھیں نواب رفعت یار جنگ اور سر نظامت جنگ سے قربت حاصل ہوئی۔ نظامت جنگ ان کی علمی صلاحیت سے بہت متاثر ہوئے۔ انھوں نے حکومت سے اعلیٰ تعلیم کے لیے وظیفہ منظور کروایا اور ڈاکٹر زور اگست 1927ء کو اعلیٰ تعلیم کے حصول کے لیے یورپ روانہ ہو گئے۔ لندن یونیورسٹی میں انھیں پی ایچ ڈی میں داخلہ ملا اور انھوں نے اپنی تحقیق کا موضوع ''اردو زبان کے آغاز و ارتقاء'' پر مقالہ لکھا۔ انھوں نے اپنا یہ مقالہ دو سال کے اندر مکمل کر لیا اور پی ایچ ڈی کی ڈگری حاصل کی۔ انھوں نے لندن یونیورسٹی میں ہی ابتدائی سنسکرت اور لسانیات کی تعلیم پروفیسر آر۔ ایل۔ ٹرنر سے حاصل کی اور صوتیات کی تعلیم پروفیسر اے لائیڈ جیمس سے اسکول آف اورینٹل اسٹڈیز الندن سے حاصل کی۔

محی الدین قادری زور اپنی تحقیق مکمل کرنے کے بعد 1929 میں حیدر آباد لوٹے اور تین ماہ کی مدت میں اپنی کتاب ''اردو شہہ پارے'' کے لیے مواد جمع کر کے کتاب کی ترتیب عمل میں لا دی اور اسی عنوان سے یہ کتاب بھی شائع ہوگئی۔ 1930ء میں مزید تعلیم کے حصول کی غرض سے آپ پیرس روانہ ہوئے جہاں یونیورسٹی کالج میں شریک ہو کر عام فنِ صوتیات اور انگریزی صوتیات کا علم حاصل کیا ہو جہاں پروفیسر ڈینیل جونس اور مس لی لیاس، ای، آر، مسٹرانگ کی شاگردی اختیار کی۔ صوتیات پر انھوں نے تحقیقی مقالہ 1930ء میں ہی مکمل کر لیا اور جنوری 1931ء میں حیدر آباد واپس آ گئے۔

حیدر آباد آنے کے بعد انھوں نے عثمانیہ یونیورسٹی میں ریڈر کے طور پر شعبہ اردو میں ملازمت حاصل کی۔ اس وقت مولوی عبدالحق صدر شعبہ اردو تھے۔ 1945ء میں صدر شعبہ اردو عثمانیہ یونیورسٹی مقرر کیے گئے۔ جہاں 1948ء تک صدر شعبہ اردو کے طور پر خدمات انجام دیتے رہے۔ صدر شعبہ اردو، فارسی کے ساتھ ساتھ انھیں ڈین فیکلٹی آف آرٹس اینڈ اورینٹل لنگیوئجس مقرر کیا گیا۔ 1947ء میں جب

دار العلوم ہائی اسکول کو انٹرمیڈیٹ کالج کا درجہ دیا گیا تو دار العلوم ہائی اسکول کے صدر مدرس (پرنسپل) غلام قادر صاحب کو عارضی طور پر پرنسپل بنایا گیا۔ 1948ء میں ڈاکٹر زور کی تقرری دار العلوم کالج کے پرنسپل کے طور پر عمل میں آئی۔ یکم ستمبر 1950ء کو ڈاکٹر زور نے اس نئے عہدے کا جائزہ حاصل کیا۔ کم و بیش دس سال تک وہ اس کالج کے پرنسپل کے طور خدمات انجام دیتے رہے اور 17 دسمبر 1960ء کو ریٹائرڈ ہو گئے۔ ریاست کشمیر کے وزیر اعلیٰ بخشی غلام محمد کی خواہش پر انھوں نے شعبہ اردو، کشمیر یونیورسٹی کے صدر شعبہ کے طور پر ذمہ داری قبول کی اور 30 مئی 1961ء کو اس ذمہ داری کا جائزہ حاصل کیا اور کم و بیش دو برس تک صدر شعبہ اردو، کشمیر یونیورسٹی رہے۔ 1962ء میں جب وہ کشمیر میں ہی تھے تو ان طبیعت کافی بگڑ گئی تو ڈاکٹروں سے علاج کرایا گیا لیکن علاج کا فائدہ کچھ بھی نہیں ہوا۔ بالآخر 24 ستمبر 1962ء کو درمیانی شب میں ان کی روح قفس عنصری سے پرواز کر گئی۔ 24 ستمبر کو انھیں خانیار شریف کے قبرستان میں دفن کیا گیا۔

ڈاکٹر محی الدین قادری زور کی شادی رفعت یار جنگ ضیاء الحق فصیح الدین احمد کی صاحبزادی تہنیت النساء بیگم سے ہوئی۔ رفعت یار جنگ ضیاء الحق فصیح الدین حیدرآباد کے ممتاز امراء میں شمار کیے جاتے تھے۔ اس وقت وہ صوبہ دار کے عہدے پر فائز تھے۔ تہنیت النساء بیگم ایک خوش گو شاعرہ تھیں۔ ان کی نعتیہ شاعری کے تین مجموعے ''ذکر و فکر''، ''صبر و شکر'' اور ''تسلیم و رضا'' کے نام سے شائع ہوئے۔ تہنیت النساء بیگم ڈاکٹر زور کی تصنیفی خدمات میں معاون ثابت ہوئیں۔ ڈاکٹر زور کی تمام ادبی سرگرمیوں میں معاون ہیں۔ ایوانِ اردو جسے ادارۂ ادبیات اردو کے نام سے جانا جاتا ہے، اس کی تعمیر کے لیے اپنی قیمتی زمین عطیہ کے طور پر دے دی۔ ادارے کے شعبہ نسواں کے جلسوں میں وہ اکثر شریک رہا کرتی تھیں۔ ڈاکٹر زور کی وفات کے بعد انھیں ادارۂ ادبیات اردو کا سرپرست مقرر کیا گیا۔ طویل علالت کے بعد 6 نومبر 1996ء کو اس دارِ فانی سے کوچ کر گئیں۔

ڈاکٹر زور کثیر الاولاد ادیب تھے۔ زور کو نو اولادیں پیدا ہوئیں۔ پانچ لڑکے اور چار لڑکیاں۔ ان کے سب سے بڑے فرزند سید تقی الدین قادری، دوسرے بیٹے کا نام سید علی الدین قادری، تیسرے صاحبزادے کا اسم گرامی سید صفی الدین قادری، چوتھے سید رفیع الدین قادری اور پانچویں فرزند ارجمند کا نام سید رضی الدین قادری ہے۔

بیٹیوں کے نام تہذیب النساء، توقیر النساء، توفیق النساء اور تسنیم النساء ہے۔ ان کی چاروں بیٹیاں شادی شدہ ہیں اور خوشحال زندگی بسر کر رہی ہیں۔ ڈاکٹر زور نے اپنی اولادوں کی بہتر طور پر تعلیم و تربیت کی۔ انھیں اعلیٰ تعلیم دلائی جس کی وجہ سے وہ تمام خوش حال زندگی گزار رہی ہیں۔

زور صاحب کی شخصیت بارُعب، جاذبِ نظر اور پُرکشش تھی۔ وہ نہایت ہی اخلاق مند اور دوست دار انسان تھے۔ ایک وسیع المشرب انسان ہونے کے ناطے ان کے دوست واحباب کی فہرست میں مختلف مذاہب، فرقے اور ذات کے حامل افراد شامل تھے۔ سبھی کے ساتھ خندہ پیشانی پیش آتے تھے۔ اردو زبان وادب سے دلچسپی رکھنے والوں سے وہ خصوصی طور پر دلچسپی رکھتے تھے۔ سادگی پسندی ان کے خمیر بھی شامل تھی اور تواضع وانکساری ان کی شخصیت کا خاصہ تھا جس کی وجہ سے عوام وخواص میں عزیز تصور کیے جاتے تھے۔ ڈاکٹر زور کا سب سے بڑا کارنامہ ادارۂ ادبیات اردو کا 15 جنوری 1931ء کو قیام ہے۔

ڈاکٹر زور ایک زودنویس اور کثیر التصانیف دانشور تھے۔ انھوں نے کم وبیش 34 برسوں تک اردو زبان وادب کی خدمت کی اور مختلف موضوعات پر تین درجن کے قریب تصنیفات وتالیفات اپنی یادگار کے طور پر اردو دنیا کو دیں۔ وہ بہ یک وقت ماہر لسانیات، محقق، ناقد اور

ادبی مورخ تھے۔ شاعری اور افسانہ نگاری میں بھی انھوں نے طبع آزمائی کی۔ انھوں نے جو اہم کتابیں تصنیف کیں ان کی تفصیلات پیش کی جا رہی ہیں تا کہ اہل علم وفن ان کے علمی اور ادبی کارناموں سے واقفیت حاصل کر سکیں۔

محی الدین قادری زور کی کتاب ''ہندوستانی لسانیات'' اپنے موضوع کے اعتبار سے نہایت اہمیت کی حامل تصنیف ہے۔ لسانیت کے موضوع پر یہ کتاب اساتذہ اور طلباء کے لیے بہت کارآمد تصور کی جاتی ہے۔ اس کتاب کے پہلے حصے میں آٹھ ابواب ہیں جن میں لسانیات کے مقاصد، فوائد، تاریخ اور زبان کی ماہیت، ارتقا اور تشکیل سے متعلق عام اور اصولی معلومات فراہم کرائی گئی ہیں۔ دوسرے حصے میں اردو کے آغاز اور ارتقا پر روشنی ڈالی گئی ہے ساتھ ہی اردو کے جدید رجحانات پر بھی روشنی ڈالی گئی ہے۔ ان کی دوسری اہم ترین کتاب اردو شہہ پارے ہے جو پہلی مرتبہ مکتبہ ابراہیمیہ حیدر آباد سے 1929ء میں شائع ہوئی۔ اس کتاب میں اردو ادب کے آغاز سے ولی دکنی کے زمانے تک نثر و نظم کا انتخاب شامل ہے۔ بنیادی طور پر اسے دو حصوں میں شامل کیا گیا ہے۔ پہلے حصے میں نثر اور دوسرے میں نظم کا انتخاب شامل ہے کتاب کو چار ابواب میں تقسیم کیا گیا ہے۔ اول اردو ادب کی ابتدائی کوششیں دوم، اردو ادب بیجاپور میں۔ سوم اردو ادب گولکنڈہ میں۔ چہارم۔ اردو ادب مغلوں کے عہد میں۔ اختتامیہ کے طور پر عمومی اشاریہ بھی شامل کیا گیا ہے جن میں شخصیات، موضوعات اور کتابوں عنوانات تحریر کیے گئے ہیں۔ ڈاکٹر زور کی دیگر تصانیف وتالیف میں داستان ادب حیدر آباد (1951ء) ہندوستانی صوتیات، عہد عثمانی میں اردو کی ترقی (1935ء) داستان ادب حیدر آباد (1951ء) دکنی ادب کی تاریخ (1960ء) اردو کے اسالیب بیان (1927ء) روح تنقید (1925ء) تنقیدی مقالات (1932ء) جواہر سخن۔ ادبی تاثرات (مرتبہ قدرت اللہ بیگ 1940ء) ادبی تحریریں (مرتبہ گوپی چند نارنگ 1963ء) تین شاعر (1965ء) مرقع سخن جلد اول (1937ء) گلزار ابرہیم (1934ء) تذکرہ اردو مخطوطات (اول 1943ء، دوم 1951ء، سوم 1957ء، چہارم 1958ء، پنجم 1959ء) تذکرہ نوادر ایوانِ اردو (1960ء) سرگزشت غالب (1939ء)، گارساں دتاسی (1931ء) حیات سلطان محمد قلی قطب شاہ (1940ء) حیات میر مومن (1941ء) سرگزشت حاتم (1944ء) نذر محمد قلی قطب شاہ (1958ء) منتخبات میں کلیات قلی قطب شاہ (1940ء) فیض سخن (1937ء) رمز سخن (1951ء) کیف سخن (1935ء) بادۂ سخن (1935ء) متاعِ سخن (1935ء) معانی سخن (1958ء) اردو شاعری کا انتخاب (1960ء) مثنوی طالب و موہنی (1957ء) شامل ہیں۔ نثر میں انتخاب کے طور پر روح غالب (1939ء) مکاتب شاد عظیم آبادی (1939ء) شادِ اقبال (1942ء) وغیرہ شامل ہیں۔ زور صاحب کثیر التصانیف ادیب تھے۔ انھوں نے تحقیق وتنقید، تاریخ خصوصی دکنی ادب کے حوالے متعدد کتابیں اور کثیر مضامین تحریر کیں۔ ان کی تصانیف اور ان کی سنہ تصنیف کا ذکر آ چکا ہے، یہاں ان کی تحقیقی اور تنقیدی کتابوں پر مختصراً تبصرہ ضروری معلوم ہوتا ہے ان کی تصانیف کے علاوہ ان کے تدوینی خدمات بھی اہمیت کی حامل ہیں۔ خاص طور پر ادبی تاریخ پر ابھی دسترس حاصل تھی انھوں نے لسانیات کو بھی موضوع بنایا اور اس کا حق بھی ادا کیا انھوں نے شاعری بھی کی، لیکن کوئی شعری مجموعہ منظر عام پر نہ آ سکا۔ شعراء کے انتخابات بھی مرتب کیے افسانے بھی لکھے اور ان کے افسانوں کے مجموعے بھی شائع ہوئے۔ اس سے زور صاحب کی ادبی وسیع النظری اور علمی تنوع کا اندازہ ہوتا ہے۔ زور صاحب کا اصل میدان دکنیات تھا۔ بلکہ دکنیات سے انھیں عشق کی حد تک لگاؤ تھا۔ ذیل میں محی الدین قادری زور کی مختلف تصانیف کا تعارف پیش کیا جاتا ہے تا کہ تشنگان علم ادب زور صاحب کے علمی کارناموں سے واقف ہو سکیں اور ان کی تحریروں سے استفادہ کر سکیں۔

اردو شہ پارے: یہ کتاب اردو ادب کے آغاز سے ولی دکنی کے زمانے تک کے نظم و نثر کے انتخاب پر مشتمل ہے۔ یہ کتاب دو

حصوں پر منقسم ہے۔ پہلا حصہ نثر کے انتخاب پر مشتمل ہے اور دوسرا حصہ نظم کے انتخاب کے حوالے سے ہے۔ کتاب کے آغاز میں اردو ادب کے عہد بہ عہد ارتقاء پر مفصل بحث کی گئی ہے اور یہ حصہ ہی کتاب کے مغز ہے۔ اسی حصہ کی وجہ سے اس کتاب کو تاریخ ادب کی فہرست میں شامل کیا گیا ہے۔ اردو شہ پارے چار ابواب میں منقسم ہے۔ جن کے عنوانات یہ ہیں۔

باب اول: اردو کی ابتدائی کوششیں۔ باب دوم: اردو ادب بیجاپور میں، باب سوم، اردو ادب گولکنڈہ میں، باب چہارم۔ اردو ادب مغلوں کی حکومت میں۔ ان عنوانات سے اندازہ لگایا جاسکتا ہے کہ مصنف نے کتنی عرق ریزی اور محنت و لگن سے اس ادبی تاریخ کی تکمیل عمل میں لائی ہوگی۔ کتاب کے مذکورہ چاروں ابواب کم و بیش پونے دو سو صفحات پر مشتمل ہیں۔ اس کے اختتام پر مضامین کا اشاریہ پیش کیا گیا ہے۔ بعد ازاں مصنفین کا اشارہ دیا گیا ہے۔ اشاریوں کے بعد نظم و نثر کا انتخاب شامل ہے اشاریوں کے خاتمے پر آٹھ ضمیمے دیئے گئے ہیں جو مذکورہ ابواب کے تعلق سے ہیں۔ کتاب کے آخر میں ایک اور اشاریہ دیا گیا ہے جو اشخاص، موضوعات اور کتابوں کے عنوانات الف یائی ترتیب کے ساتھ صفحہ نمبر کے حوالوں کے ساتھ تحریر کیا گیا ہے۔ زور صاحب نے اس کتاب میں مشاہیر اور مصنفین کی تصویریں بھی شامل کی ہیں اس کی وجہ سے کتاب مزید وقیع بن گئی ہے۔ یہ کتاب مکتبہ ابراہیمیہ حیدرآباد سے 1929ء میں شائع ہو کر منظر عام پر آئی۔ عہد عثمانی میں اردو کی ترقی: اعظم اسٹیم پریس حیدرآباد سے اس کتاب کی اشاعت 1935ء میں عمل میں آئی ہیں۔ اس کتب میں میر عثمان علی خاں آصف سابع کے عہد میں اردو ادب کی ترقی اور آصف سابع کی اردو کی سرپرستی کا ذکر کیا گیا ہے۔ ادب سے ان کی دلچسپی اور ادیبوں و شاعروں کی قدردانی کے احوال بیان کیے گئے ہیں جیسا کہ کتاب کے عنوان سے ہیظاہر ہوتا ہے کہ اس کتاب میں کن کن موضوعات کو زیر بحث لایا گیا ہوگا۔ جامعہ عثمانیہ کے قیام اور دارالترجمہ کی تاسیس اور اس کی خدمت پر بھی تفصیلی روشنی ڈالی گئی ہے۔ کتاب کی ابتدا میں چند صفحات پر مشتمل ایک دیباچہ ہے جس میں کتاب کی تصنیف کا مقصد اور اس کی ترتیب کے بارے میں ذکر کیا گیا ہے۔ دیباچہ کے بعد دس صحافت پر مشتمل تمہید شامل ہے، جس میں آصف سابع کی ذاتی دلچسپیوں اور ان کی فیاضانہ عنایات کا تذکرہ کیا گیا ہے۔ دیباچہ کے اختتام پر میر عثمان علی خاں کی اردو نوازی کا مفصل ذکر ہے۔ اس کے بعد کتاب میں پانچ ابواب قایم کیے گئے ہیں۔ جن میں اردو شعراء اور انشا پردازوں کی قدردانی اردو رسائل و اخبارات کی اشاعت جامعہ عثمانیہ کی تشکیل سررشتہ تالیف و ترجمہ کا قیام وغیرہ موضوعات پر مفصل طور پر روشنی ڈالی گئی ہے۔ کتاب کے دوسرے حصے میں میر عثمان علی خاں کی کوششوں اور ان کی سرپرستی و اثرات دکھائے گئے ہیں جس کے درج ذیل چار ابواب ہیں: انفرادی کوششیں اجتماعی کوششیں، حیدرآباد میں اردو کی وسعت حیدرآباد کے باہر اردو کا استحکام و وقعت اور اس کا ہمہ گیر اثر ان ابواب کے اختتام پر تین ضمیمے شامل کتاب ہیں جن میں شعراء انشاء پردازوں، انجمنوں، اداروں اور رسائل و اخبارات کی فہرستیں دی گئی ہیں۔ آخر میں 18 صفحات پر مشتمل ہے۔

داستانِ ادب حیدرآباد: زور صاحب کی یہ کتاب پہلی بار 1951ء میں ادارۂ ادبیات اردو، حیدرآباد سے شائع ہوئی اور دوسری مرتبہ ایچ۔ ای۔ ایچ دی نظامس ٹرسٹ، حیدرآباد سے 1983ء میں چھپ کر منظر عام پر آئی۔ یہ کتاب 1951ء تک حیدرآباد کے اردو فارسی اور عربی ادب کے جائزہ پر مشتمل ہے۔ جس میں اہل علم و ادب کا مختصر تعارف اور ان کی علمی و ادبی خدمات پر تبصرہ تحریر کیا گیا ہے۔ علاوہ ازیں حیدرآباد کی تمام علمی و ادبی تحریکوں کا بھی جائزہ لیا گیا ہے۔ یہ کتاب دس ابواب پر مشتمل ہے۔ درحقیقت یہ کتاب حیدرآباد کی اول اور علمی منظرنامے پر ایک جامع اور وقیع مواد پیش کرتی ہے۔ اس کتاب کی خصوصیات اور اس میں حبیب الرحمٰن خاں شیروانی کی جامعہ عثمانیہ کے قیام کے سلسلے

میں کوششوں کا ذکر نہ ہونے کی طرف اشارہ کرتے ہوئے ڈاکٹر ضیاء الدین انصاری نے اپنے ایک مضمون میں تحریر کیا ہے۔

''مجموعی طور پر یہ کتاب حیدرآباد کی ادبی اور علمی زندگی پر اچھی اور جامع کتاب ہے موجودہ زمانے کے لحاظ سے سب سے زیادہ اہم اور دلچسپ باب جامعہ عثمانیہ سے تعلق ہے۔ اس کے قیام کے پس منظر، اس کی تاریخ اور اسی کے ساتھ دارالترجمہ کا تذکرہ بھی اس کتاب میں موجود ہے لیکن یہ دیکھ کر حیرت ہوتی ہے کہ اس میں نواب حیدر یار جنگ مولانا حبیب الرحمٰن خاں شروانی کا کہیں تذکرہ نہیں ہے، حالاں کہ جامعہ عثمانیہ کا قیام آپ ہی کا رہین منت ہے۔ آپ ہی نے صدر الصدور امور مذہبی کی حیثیت سے اس کے قیام کی اجازت دی تھی''۔(مضمون زور صاحب کی تصانیف کا تعارف مشمولہ محی الدین قادری زور، مرتبہ خلیق انجم انجمن ترقی اردو ہند، نئی دہلی 1989ء صفحہ 177)

ڈاکٹر ضیاء الدین انصاری کا یہ کہنا بالکل درست ہے کہ حبیب الرحمٰن خاں شروانی کا جامعہ عثمانیہ کے بانیوں کی فہرست میں شامل نہ کرنا واقعی حیرت ناک امر ہے ممکن ہے زور صاحب کی نظر سے یہ نام قصداً نہیں بلکہ سہواً چھوٹ گیا ہو۔ ورنہ شروانی کا نام ضرور شامل کرتے۔

دکنی ادب کی تاریخ: یہ ایک مختصر سی کتاب ہے جس کے 188 صفحات ہیں، جو ان کی دیگر کتابوں کے مقابلے میں ضخامت والی تصنیف ہے۔ اس کتاب میں 1350 سے 1750 تک دکنی ادب کے قدیم مراکز گلبرگہ، بیدر، بیجاپور، گولکنڈہ، حیدرآباد اور اورنگ آباد کے شعراء واد باء کی 400 سالہ ادبی و علمی خدمات کا تجزیہ پیش کیا گیا ہے۔ اس کتاب میں درجہ ذیل عنوانات کے تحت معلومات فراہم کی گئی ہیں۔

1) بہمنی عہد: گلبرگہ اور بیدر (1350ء تا 1525ء)
2) عادل شاہی عہد۔ بیجاپور (1490ء تا 1686ء)
3) قطب شاہی عہد۔ گولکنڈہ اور حیدرآباد (1508ء تا 1687ء)
4) مغل عہد حیدرآباد اور اورنگ آباد (1686ء تا 1750ء)
5) دکنی ادب کا اثر شمالی ہند کی اردو پر
6) اشاریہ

اس کتاب میں مذکورہ عنوانات کے تحت معلومات فراہم کی گئی ہیں، جو دکنی ادب کی تاریخ کے موضوع پر اپنی نوعیت کی یہ پہلی کتاب ہے۔ اس کتاب کا مطالعہ دکنی ادب کی تاریخ سے دلچسپی رکھنے والوں کے لیے نہایت اہم معلومات فراہم کرتا ہے۔ زور صاحب کی یہ کتاب بھی دکنی ادب پر ان کی دسترس کا پتہ چلتا ہے۔

اردو ادب کے اسالیب بیان: یہ کتاب پہلی بار 1927ء میں دوسری دفعہ 1932ء میں اور تیسری بار 1940ء میں حیدرآباد سے شائع ہوئی۔ یہ کتاب اردو نثر کی تنقیدی تاریخ پیش کرتی ہے۔ زور صاحب نے اس کتاب میں مکمل نثری سرمائے کو 9 ادوار میں تقسیم کیا ہے اور ہر دور کے نثری نگاری اور خصوصاً نثری اسلوب پر گہری نظر ڈالی ہے۔ کتب کے آخر میں اردو کے مستقبل پر ایک مفصل مضمون تحریر کیا ہے۔ کتاب کے نو ابواب کے تحت دسویں صدی ہجری کے بعد دکن میں نثر کی نشوونما شمالی ہند میں نثر کے ابتدائی مراحل، فورٹ ولیم کالج کی نثری کوششیں اور اس کی قریبی زمانے میں نثر کی حالت سرسید کی کوششوں کا اثر موجودہ انشاء پردازوں کی نثر اور اس کے اسالیب اردو نثر کے رجحانات اور اردو نثر کا مستقبل سے عنوانات پر نہایت جامع اور پُر از معلومات تصنیف اردو دنیا کے سامنے پیش کی۔

اردو ادب کی تنقیدی تاریخ میں بھی زور صاحب کا اہم حصہ ہے۔ تنقید کے فن پر ان کی متعدد کتابیں منظر عام پر آئیں ان میں ایک اہم تصنیف ''روح تنقید'' ہے۔

روح تنقید: زور صاحب کی کتاب ''روح تنقید'' پر تبصرہ کرتے ہوئے مولوی عبدالحق نے اپنے رسالہ سہ ماہی اردو اورنگ آباد جلد ششم شمارہ 22 اپریل 1926ء میں صفحہ نمبر 339 پر تحریر کیا ہے۔

''بجز دیباچے کے چند صفحوں کے جن میں چند اردو تنقید نگاروں کا سرسری ذکر ہے باقی تمام کتاب میں یورپ کی تنقید تاریخ اور تنقیدی ارتقاء سے بحث کی گئی ہے، مؤلف نے کتاب کو دو حصوں میں تقسیم کیا ہے۔ پہلا حصہ مبادی تنقید پر ہے جس میں تنقید کی تعریف، ادب کی تعریف، ادب کی پیدائش، ادب کی تقسیم، ادب کا مقصد، تنقید کا مقصد، تنقید نگار کے فرائض، تنقید نگاری کی نگہداشت، اصول تنقید کے عنوان ہیں۔ دوسرے حصے میں تنقید کی تاریخ ہے جس میں عصر اصلاح، ارتقائے تنقید، (فرانس) انگلستان، اٹھارویں صدی کے بعد کی تنقید، تین مشہور نقاد مروجہ تنقید اور چند تنقیدی زمانے کے باب ہیں۔ کتاب کے پڑھنے سے معلوم ہوتا ہے کہ لائق مولف نے تنقید پر انگریزی کی اکثر و بیشتر کتابیں مطالعہ کی ہیں یا ان کے متعلق دوسرے موالفین کی رائیں پڑھی ہیں۔ لیکن یہ دیکھ کر ہمیں سخت تعجب ہوا کہ کتاب بھر میں اٹلی کے نامور فاضل اور نقاد کروچے کا کہیں ذکر نہیں، حالانکہ اس نے ادب وفنون لطیفہ کی موجودہ مروجہ تنقید میں بڑا نام پیدا کیا ہے''۔

روح تنقید کو زور صاحب نے اپنی پہلی علمی وادبی کوشش قرار دیا ہے اور اسے بہت عزیز بتایا ہے انھوں نے اس بات کا اعتراف کیا ہے کہ اس کتاب کے بعد ان کی درجن سے زائد کتابیں شائع ہوئیں لیکن کوئی بھی کتاب اردو دنیا میں اتنی مقبول نہ ہوسکی جتنی ''روح تنقید'' کو مقبولیت حاصل ہوئی۔

تنقیدی مقالات اس کتاب میں زور صاحب نے اردو اور فارسی ادبیات سے متعلق مختلف موضوعات پر تحقیقی اور تنقیدی مضامین تحریر کیے ہیں اس کتاب کو ''روح تنقید کے حصہ دوم کی حیثیت حاصل ہے۔ ان مصامین کی نوعیت علمی تنقید کی ہے۔ اس مجموعہ مصامین میں کسی طرح کے مضامین شامل ہیں۔ بعض ایسے مضامین ہیں جن پر روح تنقید میں پیش کردہ اصلوں میں سے صرف کسی ایک ہی اصول کی روشنی میں نظر ڈالی گئی ہے۔ کچھ ایسے بھی مضامین ہیں جن میں کئی اصلوں کا لحاظ رکھا گیا ہے۔ بہر حال زور صاحب کی یہ کتاب ''تنقیدی مضامین پر مشتمل ضرور ہے، لیکن اس میں اصول تنقید کی باضابطہ طور پر پیروی کی گئی ہے۔ یوں ہی عام طور پر جو تنقیدی مقالات لکھے جاتے ہیں جن میں اصول تنقید کی پیروی نہیں کی جاتی ہے اس سے بالکل الگ تھلگ یہ کتاب ہے انھوں نے یہ بتا دیا کہ تنقید کن کن مختلف طریقوں سے کی جاسکتی ہے اور یہ بھی تاثر پیش کیا کہ تنقید نگار کے ایک وسیع میدان کھلا ہوا ہے، جس میں ناقدین اپنی طبع آزمائی کر سکتے ہیں ''تنقیدی مقالات'' مکتبہ ابراہیمیہ حیدرآباد سے 1932 میں شائع ہوئی۔

ادبی تحریریں: گوپی چند نارنگ نے یہ کتاب مرتب کی جو ادارہ ادبیات اردو حیدرآباد سے 1963ء میں شائع ہوئی۔ اس کتاب میں محی الدین قادری زور کے مختلف تنقیدی مضامین شامل ہیں۔ گوپی چند نارنگ نے کتاب کے آغاز میں نہایت وسیع مقدمہ تحریر کیا ہے جو زور صاحب کی تنقیدی نگاری کے حوالے سے ہے۔ اس کتاب کی اہمیت کا اندازہ اس بات سے لگایا جاسکتا ہے کہ اسے گوپی چند نارنگ سے نامور نقاد نے مرتب کیا۔

جواہر سخن: ''جواہر سخن'' کے عنوان سے محمد مبین چریا کوٹی نے چار جلدیں میں اردو شاعری کا انتخاب مرتب کیا تھا، جسے ہندوستانی

اکیڈیمی الہ آباد نے 1939ء کے آس پاس شائع کیا تھا اس کتاب پر زور صاحب نے مفصل تبصرہ لکھا تھا۔ ان کا یہ تبصرہ ابتداً مجلّہ عثمانیہ حیدرآباد میں شائع ہوا تھا، بعد میں کتابی شکل میں یہ تبصرہ شائع ہوا۔ یہ کتاب ایک نہایت مبسوط اور بے لاگ تبصرہ ہے جو مبین چریا کوٹی کی فروگزاشتوں کو واضح کرتی ہے۔

مرقع سخن (جلد اول) حیدرآباد کے پچیس شعرائے آصفیہ کا مصور تذکرہ ہے۔ اسے زور صاحب نے 1937ء میں مرتب کر کے شائع کیا۔ اس کتاب کو مرتب نے آصف سابع کے پچیس سالہ دور حکومت کی تکمیل ک یوقت جشن سیمیں کی تاریخوں میں شائع کیا تھا اور پچیس سالہ دور آصفیہ کی نہایت سے اس دور کے پچیس نامور شعراء کا انتخاب .... نے شائع کیا۔ اس کتاب میں شعرا کے مختصر حالات زندگی بھی شامل ہیں۔ اسی طرح مرقع سخن جلد دوم 1937ء میں ہی زور صاحب نے مرتب کی تھی۔ اس کتاب میں دور آصفیہ کے پچاس شعرا کا ذکر اور ان کے منتخب کلام کو جمع کیا گیا ہے۔ پروفیسر سیدہ جعفر ک یمطابق یہ کتاب ادارۂ ادبیات اردو، حیدرآباد کے سلسلے کی ایک کری ہے جسے زور صاحب نے مرتب کر کے ادارہ کے ذریعے شائع کیا تھا۔ اس کتاب میں شاہی خاندان کے علاوہ امراء صوفیاء اور دیگر عمائد وقت کا تذکرہ اور ان کا نمونہ کلام بھی شامل کیا گیا ہے۔ اس تذکرے کی ایک خاص اہمیت اس لیے بھی ہے کہ اس میں مختلف شعرا پر مختلف لوگوں سے مضامین لکھوائے گئے ہیں۔

تدوین متن کے شعبے میں ڈاکٹر زور کے اہم ترین کارنامے ہیں۔ انھوں نے متعدد متون کو مرتب کر کے شائع کیا۔ ان متون میں تذکرہ اردو مخطوطات کی پانچ جلدیں شامل ہیں تذکرہ اردو مخطوطات کی پہلی جلد ادارہ ادبیات اردو حیدرآباد سے 1943ء میں اور دوسری ترقی اردو بیورو، نئی دہلی سے 1984ء میں شائع ہوئی۔ اس میں ادارہ ادبیات اردو کے 275 اردو مخطوطات کا مفصل تذکرہ شامل ہے۔

تذکرہ مخطوطات: جلد دوم بھی ادارہ ادبیات اردو حیدرآباد سے پہلی بار 1951ء میں اور دوسری بار ترقی اردو بیورو نئی دہلی سے 1984ء میں شائع ہوئی۔ تذکرہ مخطوطات جلد دوم میں ادارۂ ادبیات اردو کے مخزونہ مخطوطات میں سے عربی، فارسی اردو اور ہندی کے 500 مخطوطات کا نہایت تفصیل سے تذکرہ کیا گیا ہے۔

تذکرۂ مخطوطات جلد سوم: یہ جلد بھی پہلی بار حیدرآباد کے ادارہ ادبیات اردو سے پہلی دفعہ 1957ء میں اور دوسری بار ترقی اردو بیورو نئی دہلی نے 1984ء میں شائع ہوئی اس میں ادارۂ ادبیات اردو میں موجود اردو کے 200 مخطوطات کا نہایت عالمانہ تذکرہ ہے۔ ان مخطوطات کی پوری کیفیت بیان کی گئی ہے۔

تذکرہ مخطوطات جلد چہارم: ادارۂ ادبیات اردو کے زیر اہتمام اس کی اشاعت پہلی مرتبہ 1958ء میں عمل میں آئی اور دوسری مرتبہ یہی جلد میر تقی میر بیورو نئی دہلی کے زیر اہتمام 1983 میں شائع ہو کر منظر عام پر آئی۔ اس میں ادارہ کے مخزونہ مخطوطات میں سے 200 اردو مخطوطات کا نہات جامع اور مفصل تذکرہ موجود ہے۔

تذکرہ مخطوطات جلد پنجم: اس جلد کی بھی اشاعت ادارۂ ادبیات اردو حیدرآباد کی جانب سے 1959ء میں پہلی بار عمل میں آئی اور دوسری بار اس کی اشاعت اردو یونیورسٹی نئی دہلی کی جانب سے 1984ء میں عمل میں آئی۔ ان پانچویں جلد میں ادارہ ادبیات اردو میں موجود 250 عربی، فارسی، اردو اور ہندی مخطوطات کا تفصیلی تذکرہ شامل ہے۔ اس طرح مجموعی طور پر پانچوں جلدوں میں 1150 مخطوطات کی وضاحتی فہرست شال ہے، جو مور صاحب کا عظیم تحقیقی و تدوینی کارنامہ ہے۔

کلیات محمد قلی قطب شاہ: ڈاکٹر محی الدین قادری زور کی اہم ترین تدوینی خدمات میں سے کلیات محمد قلی قطب شاہ کی تدوین ہے۔اس کلیات کے آغاز میں نہایت وسیع اور مبسوط مقدمہ تحریر کیا ہے، جو بہت طویل ضرور ہے لیکن اس میں قلی قطب شاہ کے حالات اوراس دور کے سیاسی اور سماجی ماحول سے نہایت تفصیل روشنی ڈالی گئی ہے۔قلی قطب شاہ کے کلام پر بھی سیر حاصل مضمون قلم بند کیا گیا ہے۔ پروفیسر سیدہ جعفر نے کلیات محمد قلی قطب شاہ کی تدوین اورزورصاحب کی تحقیقی کاوش کے بارے میں لکھا ہے۔

''دکنی تحقیق میں کلیات سلطانی محمد قلی سطب شاہ غالباًوہ پہلی کتاب ہے جس کا مقدمہ اتنا طویل بسیط اور مفصل ہے۔کلیات سلطان محمد قلی قطب شاہ کی تدوین کا کام اتنا اہم ہے کہ ڈاکٹر زور صرف یہی کارنامہ انجام دیتے بھی تو ان کا نام دکن کی تحقیق کے سلسلے میں ناقابل فراموش بن جاتا۔اس کے مقدمے میں انھوں نے صرف محمد قلی قطب شاہ کے حالات اور کلام پر روشنی نہیں ڈالی ہے بلکہ اس دور کی تاریخ، تہذیب،رسم ورواج،طرز معاشرت،عمارات کھیل کوداور دیگر تفریحات وتقاریب کوزندہ کردیا ہے۔محمد قلی کے کلام کی ریڈنگ بھی انھوں نے بڑی توجہ اور جانفشانی سے کی ہے اور داخلی و خارجی شہادتوں کی مدد سے مستند مواد اکٹھا کر دیا ہے''۔(ڈاکٹر زور، پروفیسر سیدہ جعفر، ساہتیہ اکیڈی،نئی دہلی 1984ءصفحہ 74) پروفیسر سیدہ جعفر نے ڈاکٹر زور کی تدوینی صلاحیتوں کا اعتراف برملاطور پر کیا ہےاورکلیات قلی قطب شاہ کوزور کا اہم تدوین کارنامہ قرار دیا ہے۔ واقعات زور صاحب نے کلیات قلی قطب شاہ کے مقدمے میں جتنی تفصیلات فراہم کی ہیں اس سے ان کی محنت اور دیدہ ریزی کا اندازہ لگایا جاسکتا ہے۔مورصاحب کی کلیات کے مقدمہ میں محمد قلی قطب شاہ کے کلام پرتبصرہ کرتے ہوئے لکھتے ہیں:

''محمد قلی کا اردو کلام پچاس ہزار اشعار پر مشتمل ہے کوئی صنف سخن ایسی نہیں جس میں اس نے اپنا کل نہ دکھایا ہواور نہ کوئی اپنا موضوع ہوگا جس پر اس نے طبع آزمائی نہ کی ہو۔قصیدے اور مثنویاں، مرثیے اور رباعیاں،غزلیں اور قطعات غرض صنف سخن کے وافرنمونے محمد قلی اعظم کی کلیات میں موجود ہیں۔ عاشقانہ مضامین، عارفانہ نکات،شاہی لوازم،درباری شان وشوکت،محلات کی رنگینیاں، باغوں کی سہ سبزو شادابی کے ساتھ ساتھ اس عظیم الشان شاعر کے کلام میں فریبوں کی زندگی عوام کے معتقدات عہدوں اورتہواروں کھیل کود اور تماشوں، بازاروں اور بیوپاروں، ہندوؤں اور مسلمانوں کے عام رسموں اور رواجوں کی جھلکیں بھی نظر سے گزرتی ہیں۔اس نے ایسے ایسے موضوع پر قلم اٹھایا ہے جن پر عام شاعروں کی نظر تک نہیں پڑتی۔وہ ایسی پتہ پتہ کی باتیں لکھ جاتا ہے کہ پڑھنے والے حیران رہ جاتے ہیں کہ اس قدر قدیم زمانہ میں ایک بادشاہ کا مشاہدہ اتنا وسیع اور گہرا ہوسکتا تھا۔اس لیے تو محمد قلی عرش آشیانی کا کلام الہامی سمجھا جاسکتا ہے۔''(کلیات محمد قلی قطب شاہ، مرتبہ ڈاکٹر محی الدین قادری مور، مکتبہ ابراہیمیہ ،........ پریس حیدرآباد 1940ءصفحہ 20)

الغرض کلیات محمد قلی قطب شاہ کی تدوین زور صاحب کا یادگارعلمی کارنامہ ہے، جوانھیں ادبی دنیا میں زندہ رکھنے کے لیے کافی ہے۔اس عظیم تدوین کارنامے میں زورصاحب کی مرتب متن کی حیثیت سے ان کی ادبی صلاحیتوں کا علم ہوتا ہے۔اس کے اس اہم تدوینی کام پر بہتوں نے انھیں سراہااوران کی خدمات پرانھیں دادوتحسین پیش کی ہے۔

فیض سخن: زورصاحب نے حافظ پیرشمس الدین مہرفیض کا کلام''فیض سخن'' کے عنوان سے مرتب کر کے مکتبہ ابراہیمیہ حیدرآباد سے 1937ء میں شائع کرایا۔محمد فیض دکن کے بڑے شاعروادیب تھے۔انھوں نے متعدد کتابیں تصنیف کیں۔لغت نویسی اورفن عروض پر انھیں دسترس حاصل تھی۔ان کے کلام میں صوفیانہ رنگ غالب تھے۔ان کی نام کی مناسبت سے زورصاحب کے ان کے منتخب کلام کا مجموعہ

’’فیض سخن‘‘ کے عنوان سے شائع کیا۔ اس انتخاب میں زور صاحب نے میر فیض کے حالات زندگی کے ساتھ ان کے کلام پر تبصرہ بھی لکھا ہے۔ خاص طور پر محمد فیض کی صوفیانہ شاعری پر خصوصی روشنی ڈالی ہے۔

رمزِ سخن: یہ کتاب ادارہ ادبیات اردو حیدرآباد سے 1951ء میں شائع ہوئی۔ سدانند جوگی لال بہاری رمز حیدرآبادی کے ایک اچھے شاعر تھے۔ انھوں نے محمد فیض سے اکتساب فن کیا تھا۔ زور صاحب نے ان کا کلام بھی منتخب کر کے رمزِ سخن کے عنوان سے شائع کیا اس شعری انتخاب میں زور صاحب نے دکن کی اردو شاعری کا 15 صفحات پر مشتمل تجزیہ پر پیش کیا ہے۔ پھر اس کے بعد رمز کے حالات اور ان کے کلام پر تبصرہ کیا ہے۔ بعد از اں رمز کا منتخب کلام شامل کیا ہے۔

کیفِ سخن: رضی الدین حسن کیفی کے کلام کا انتخاب کیف سخن کے عنوان سے زور صاحب نے مرتب کر کے مکتبہ ابراہیمیہ حیدرآباد سے 1935ء میں شائع کیا۔ یہ کلام 122 صفحات پر مشتمل ہے۔ کتاب کے آغاز میں زور صاحب نے دکن کی اردو شاعری پر تفصیل سے روشنی ڈالی ہے۔ کیف کے کلام اور ان کے حالات زندگی پر بھی سیر حاصل مضمون تحریر کیا ہے۔

متاعِ سخن: نواب عزیز جنگ بہادر کا شمار دکن کی اہم سیاسی، سماجی اور ادبی شخصیات کی فہرست میں ہوتا ہے۔ وہ ایک بلند پایہ شاعر بھی تھے۔ یہی نہیں کہ وہ صرف شاعری کو اپنے مافی الضمیر کے اظہار کا ذریعہ بناتے تھے بلکہ وہ شعرا کی سرپرستی بھی کیا کرتے تھے۔ انھیں داغ کی شاگردی کا بھی شرف حاصل ہے بلکہ وہ دکن میں داغ کے جانشین بھی شمار کیے جانے لگے تھے۔ زور صاحب نے نوب عزیز یار جنگ بہادر کے کلام کا انتخاب 1935ء میں مرتب کر کے مکتبہ ابراہیمیہ حیدرآباد سے شائع کرایا۔ اس پر انھوں نے ایک نہایت معلوماتی مقدمہ تحریر کیا جس میں عزیز یار جنگ بہادر کے حالات زندگی، اور دکن کی اردو شاعری پر بہترین نوٹ تحریر کیا آخری میں عزیز یار جنگ کا منتخب کلام شامل کیا۔

معانیِ سخن: محمد قلی قطب شاہ کے کلام کا انتخاب ’’معانی سخن‘‘ کے عنوان سے 1958ء میں حیدرآباد نیشنل پرنٹنگ پریس سے شائع ہوا۔ اسے زور صاحب نے مرتب کیا اس پر مقدمہ تحریر کیا اس مقدمہ میں جسے انھوں نے ’’دیباچہ‘‘ کا عنوان دیا ہے محمد قلی قطب شاہ کے کلام پر بھرپور تبصرہ لکھا ہے۔ دکن کی شاعری کی تاریخ بیان کی ہے۔ اس میں انھوں نے کلیات محمد قلی قطب شاہ کے اس مقدمے سے بھی اکتساب کا ہے جسے انھوں نے خود لکھا اور مرتب کیا ہے۔ دیباچہ کے بعد زور صاحب نے محمد قلی قطب شاہ کی نظموں، غزلوں اور دیگر اصناف ادب سے انتخاب پیش کیا ہے۔ کلام کے انتخاب کا عنوان قلی قطب شاہ کے تخلص معانی کی مناسبت سے ’’معانی سخن‘‘ رکھا ہے۔ یہ ایک بہترین انتخاب ہے جو شاعر کی فکری پرواز کی بہترین عکاسی کرتا ہے اور اس کے کلام میں موجود مختلف جہات اور افکار و تخیلات کا پتہ دیتا ہے۔

اردو شاعری کا انتخاب: یہ کتاب ابتدا سے بیسویں صدی تک کے 108 شعراء کے کلام کے انتخاب پر مشتمل ہے۔ اسے ساہتیہ اکادمی، نئی دہلی نے 1960ء میں شائع کیا شعراء کا انتخاب زمانی ترتیب کے اعتبار سے کیا گیا ہے۔ یہی وجہ ہے کہ سب سے پہلے اس انتخاب میں شیخ اشرف (1450-1515) کے کلام کا انتخاب شامل ہے تو سب سے آخر میں نازش پرتاب گڑھی 1924ء کے کلام کا انتخاب شائع کیا گیا ہے۔ شعرا کے کلام کا انتخاب پیش کرنے سے قبل مرتب نے ہر شاعر کے بارے میں مختصراً تعارف بھی پیش کیا ہے۔ کتاب کے آخر میں بعض شعراء کی فہرست دی گئی ہے، جن کا کلام اس انتخاب سے خارج کر دیا گیا۔ کیوں کہ بنیادی طور پر 150 شعرا کا کلام منتخب کیا گیا تھا لیکن بعض وجوہ سے چند شعرا کے کلام کا انتخاب خارج کر دیا گیا۔ لیکن اس کی کوئی وجہ دیباچے میں بیان نہیں کی گئی ہے۔ اس انتخاب کے بارے میں ڈاکٹر زور نے اپنے دیباچہ میں لکھا ہے:

''اس کے مطالعہ سے واضح ہوگا کہ اردو کا شاعر خواہ کسی علاقے اور حلقے کا رہنے والا کیوں نہ ہوا اور خواہ کسی مذہب یا مسلک کو مانتا ہو، ایک ہی رنگ میں رنگا ہوا ہے۔ ایک مشترکہ ہندوستانی کلچر تھے جو پنجاب سے بنگال تک اور کشمیر سے کیوں کے اردو بولنے اور لکھنے والوں پر چڑھا ہوا ہے۔ خواہ ان کی مادری زبان کشمیری ہو یا پنجابی، بنگال ہو یا براری مرہٹی ہو یا گجراتی چنانچہ اس انتخاب میں ہندوستان کے علاقے کے رہنے والے اور جدا جدا مذہب اور مسلک پر چلنے والے شاعروں کا انتخابی نظر سے گزرے گا''۔ (دیباچہ اردو شاعری کا انتخاب، مرتبہ ڈاکٹر محی الدین قادری زور، ساہتیہ اکادمی، نئی دہلی 1960ء)

مثنوی ادب وموہنی: مثنوی طالب وموہنی کو اردو دنیا سے متعارف کرنے کا سہرا ڈاکٹر زور کے سر جاتا ہے۔ یہ کتاب 1957ء میں نیشنل فائن آرٹ پرنٹنگ پریس حیدرآباد سے شائع ہوئی۔ اس کتاب کے مصنف سید محمد والہ ہیں۔ سید محمد تقی ہمدم نے ''لمحات شمسی'' میں والہ کے خاندانی حالات تفصیل سے بیان کیے ہیں۔ ڈاکٹر زور لہ ب قوء والہ ایک مرنجان مرنج ادیب وشاعر تھے۔ وہ ہندوؤں اور مسلمانوں میں یکساں طور پر مقبول تھے۔ مثنوی طالب وموہنی سید محمد والہ کی ایک مشہور مثنوی ہے۔ طالب وموہنی کی تصنیف 1737ء میں آس پاس بتائی جاتی ہے۔ سیدہ جعفر نے بھی اپنی کتاب ڈاکٹر زور (ساہتیہ ادکامی، نئی دہلی) میں اس مثنوی کے بارے میں تفصیلات فراہم کی ہیں۔ انھوں نے لکھا ہے کہ اس مثنوی کے دو نسخے دستیاب ہوئے۔ ایک انڈیا آفس لائبریری لندن میں اور دوسرا ادارہ ادبیات اردو کا مخزونہ ہے۔ مثنوی طالب و موہنی 105 اشعار پر مشتمل ہے۔ حالانکہ ڈاکٹر زور نے صرف ایک نسخہ مخزونہ ادارہ ادبیات اردو کی مدد سے اسے مرتب کیا ہے، حالاں کہ وہ چاہتے تو انڈیا آفس لائبریری کے مخطوطے سے بھی استفادہ کر سکتے تھے۔ ایسی صورت میں جبکہ کسی متن اس کتاب کی تدوین میں زور صاحب نے فرہنگ کا التزام بھی نہیں رکھا ہے۔ تاہم یہ ان کی دریافت ہے اور اسے اہم تحقیقی کارنامہ کہا جا سکتا ہے۔ ڈاکٹر سید محی الدین قادری زور کے علمی، ادبی تحقیقی اور تدوینی کارناموں کی ایک طویل فہرست ہے، ان تمام کا تفصیل سے یہاں ذکر کرنا ممکن نہیں ہے۔ ان کے دیگر تحقیقی کارناموں میں روح غالب، مرزا غالب کی حیات اور کارناموں پر ایک مختصر نوٹ اور ان کے اردو خطوط کے دلچسپ ادبی حصول کا انتخاب مکاتیب شاد عظیم آبادی (شاد عظیم آبادی کے خطوط کا انتخاب جو حیدرآباد کی مشہور شخصیت بیرسٹر ہمایوں مرزا اور ان کی شریک حیات صغرا ہمایوں مرزا کے نام ہیں) کو مرتب کر کے شائع کیا۔ 1939ء میں ادارہ ادبیات اردو سے شائع ہوئی۔ ''شاد اقبال'' کے عنوان سے بھی زور صاحب نے علامہ اقبال اور مہاراجہ سرکشن پرشاد شاد کے خطوط کا مجموعہ 1942 میں حیدرآباد سے شائع کیا اس کتاب کے آغاز میں زور صاحب نے 34 صفحات کا طویل مقدمہ تحریر کیا ہے۔ اس مقدمے میں انھوں نے دونوں اکابر کے درمیان تعلقات پر ان کے خطوط کی روشنی میں تفصیل سے معلومات بہم پہنچائی ہے۔

شاہ ظہور الدین حاتم کے ''دیوان زادہ'' کا مقدمہ ''سرگزشت حاتم'' کے عنوان سے زور صاحب نے ادارہ ادبیات اردو سے 1944 میں شائع کیا۔ اس دیوان کا مقدمہ بقول سیدہ جعفر ڈاکٹر زور نے لندن اور پیرس کے دوران قیام مکمل کیا۔ اور اسے رسالہ ہندوستانی جنوری 1932ء می ں شائع کر دیا گیا۔ دیوان زادہ میں ڈاکٹر زور نے حاتم حالات زندگی بڑی محنت سے تحریر کیا ہے۔ انھوں نے حاتم کی غزل گوئی کے مختلف پہلوؤں کا تنقیدی جائزہ لیا ہے۔ یہ بھی زور صاحب کی اعلیٰ تحقیقی خدمات میں سے ایک ہے۔ پروفیسر سیدہ جعفر دیوان زادہ کی تصنیف اور حاتم کے حالات زندگی اکٹھا کرنے میں زور صاحب کو جو مشکلات پیش آئے اس بارے میں لکھتے ہیں:

ڈاکٹر زور کو حاتم کے حالاتِ زندگی سے متعلق مواد بھی یورپ ہی میں دستیاب ہوا تھا۔ انھوں نے دعویٰ کیا ہے کہ ''آب حیات'' کے

مصنف محمد حسین آزاد کی نظر سے حاتم کا دیوان زادہ تو کیا اور دیوان بھی ان کی نظر گزر را تھا۔ دیوان زادہ میں ڈاکٹر زور نے حاتم کے حالات زندگی بری محنت سے اکٹھا کیے ہی ں اور مستند سنین کے ساتھ واقعات حیات تحریر کیے ہیں اور انھوں نے آزاد کے بتائے ہوئے سنہ کو غلط ثابت کرتے ہوئے یہ لکھا ہے کہ حاتم نے سترہ سال کی عمر میں بھی 1128ھ میں شاعری کی ابتدا کی تھی۔ اس میں شبہ کی گنجائش اس لیے بھی نہیں کہ حاتم نے خود اپنے ہاتھ سے دیوان زادہ تحریر کیا تھا اس کتاب میں ڈاکٹر زور کی چھپی تحقیق صلاحیتیں بروئے کار آئی ہیں'' (ڈاکٹر زور، پروفیسر سیدہ جعفر، ساہتیہ اکادمی، نئی دہلی 1984ء ص 84)

مذکورہ تحقیق تدوینی اور تنقیدی کتابوں کے علاوہ ڈاکٹر زور نے افسانے بھی تحریر کیے ان کے افسانوں کے تین مجموعے طسلم تقدیر 1925ء سیر گولکنڈہ 1942ء گولکنڈہ کے ہیرے 1937ء حیدرآباد سے شائع ہوکر منظر عام پر آئے۔ مجموعی طور پر یہ بات کہی جاسکتی ہے کہ زور صاحب نے اپنی پوری زندگی تحقیقی کاموں میں گزار دی۔ خصوصاً دکنیات میں ان کی علمی ادبی و تحقیقی خدمات بیش بہا اضافے کا درجہ رکھتی ہیں۔ اردو دنیا ان پر جس قدر ناز کرے کم ہے۔

OOO

ڈاکٹر سید محی الدین قادری زور۔ بحثیت سماجی مفکر

مضمون ________________________ ڈاکٹر زرینہ پروین

سید محی الدین قادری 'زور' دسمبر 1905 میں حیدر آباد میں پیدا ہوئے، 61 کتابیں تصنیف کیں۔ وہ ایک شاعر، اردو کے معروف ادیب، ممتاز عالم دین اور ایک سماجی مصلح تھے، لیکن سب سے بڑھ کر، انہوں نے برصغیر پاک و ہند میں 'اردو' زبان اور ادب کو پھر سے زندہ کیا۔ وہ اردو ادب کی دنیا کے ان علمبرداروں میں سے ایک تھے جن کا کام آج ہندوستان میں تعلیمی نصاب کا بنیادی حصہ بن گیا ہے۔ دنیا کے بیشتر نامور کتب خانے اردو ادب کے شعبہ جات ان کی کتابوں سے مزیّن ہیں۔

آپ نے مدرسہ دار العلوم، سٹی اسکول اور عثمانیہ کالج حیدر آباد میں تعلیم حاصل کی۔ انہوں نے پوسٹ گریجویشن کیا اور 1927 میں لسانی علوم میں گہرے امتیاز کے ساتھ ایم۔اے پاس کیا۔

حیدر آباد کے نظام میر عثمان علی خان نظام ہفتم نے انہیں 1927 میں فیلوشپ پر انگلستان بھیجا جہاں انہوں نے لسانی علوم میں Linguistic Sciences پی ایچ۔ڈی کی ڈگری حاصل کی۔ 1930 میں وہ پیرس گئے اور صوتیات کے کورس میں شرکت کی۔ یورپ سے واپسی پر ان کا تقرر عثمانیہ یونیورسٹی کے شعبہ اردو میں ہوا۔ انہوں نے کشمیر یونیورسٹی کے شعبہ اردو و فارسی کے سربراہ اور فیکلٹی کے ڈین کے طور پر بھی ذمہ داریاں نبھائیں۔

ڈاکٹر زور کی بنیادی دلچسپی ہندوستان، حیدر آبادی تہذیب، اور بادشاہوں کی تاریخ کے ساتھ ساتھ تحقیق و تنقید میں بہت دلچسپی تھی۔ اپنی جوانی میں زور نے ایک سماجی مصلح کے طور پر شاعری کی تھی اور بعد میں کشمیر میں اپنے قیام کے دوران، ان کے شاعرانہ مزاج نے فطرت اور اس کی حرکیات کے ساتھ انسانی تعلق کی عکاسی کی تھی۔

ان کی کتابیں اردو شہ پارے (1929)، خوب ترنگ (1933)، گلزارِ ابراہیم (1934)، عہد عثمانی میں اردو کی ترقی (1934) اور دکنی ادب کی تاریخ ان کی تحقیق کا نتیجہ ہیں۔ اس کے علاوہ کلیات محمد قلی قطب شاہ (1940)، حیات میر محمد مومن (1941)، داستان ادب حیدر آباد (1951)، "تذکرہ مخطوطات اردو" پانچ جلدوں پر مشتمل ہے۔

طالب و موہنی (1957)، معنی سخن (1958) بھی ان کی تخلیقات میں قابل ذکر ہیں۔ درحقیقت زور صاحب کی تحقیق نے اردو ادب پر ??اپنا گہرا اثر چھوڑا۔

زور کی "روحِ تنقید" جلد۔ اول اور دوم کو تنقیدی کاموں میں اولیت حاصل ہے جس کے ذریعے اردو قارئین تنقید کے مغربی اصولوں سے آشنا ہوئے۔ اس کی علمی جہت نے اسے سائنسی تنقید کے مکتب کے قریب کر دیا۔ ان کے تنقیدی رویہ کا اندازہ روحِ غالب (1939) سے لگایا جاسکتا ہے۔

زور صاحب اردو کے پہلے ماہر لسانیات تھے۔ ان کا قابلِ ستائش کام، ہندوستانی لسانیات (1932)، 'ہندوستان کی زبانیں' ہند-یورپی زبانوں کے گروپ کے ارتقاء کے دلچسپ پہلوؤں پر روشنی ڈالتا ہے۔ کتاب کے دوسرے حصے میں ہمیں گجراتی، دکھنی اور ہندی کا تقابلی مطالعہ بھی

ملتا ہے۔ ان کی انگریزی ساخت، ہندوستانی صوتیات، لسانیات پر ایک اہم کام ہے۔

زور نے اپنے اندر ایک شاعر، ایک ادیب اور ماہر لسانیات کی خوبیاں سمیٹیں۔ یہ خوبیاں ان کے ادارۂ ادبیات اردو اور مولانا ابوالکلام آزاد اورینٹل ریسرچ انسٹی ٹیوٹ کے قیام کی صورت میں ظاہر ہوئیں۔

حیدرآباد میں ایک شاندار عمارت کی تعمیر بھی ان کی کاوشوں کا ثمر ہے جس میں آج بھی ایوان اردو "اردو کا گھر" موجود ہے اور شاندار کارنامے انجام دے رہا ہے اس کے علاوہ ایک اردو جریدہ بھی ہے جو ہر ماہ سب رس کے نام سے شائع ہوتا ہے حیدرآباد کے علاوہ دوسری جگہوں پر تقسیم کیا جاتا تھا جو آج بھی اس جریدہ 'سب رس' کی طباعت اپنے عروج پر ہے۔

ان کی اردو زبان کی سرپرستی اور جدوجہد نے ہندوستانیوں اور خاص طور پر ہماری قوم میں اس کے وسیع پیمانے پر استعمال کا رواج عام و خاص کیا۔

ان کی شادی تہنیت النساء بیگم بنت نواب رفعت یار جنگ سے ہوئی، جو خود اردو کی پہلی صاحب دیوان نعت گو شاعرہ تھیں۔ ان کی تین کتابیں شائع ہو چکی ہیں جن میں نعتوں کا مجموعہ "صبر و شکر" بھی شامل ہے وہ نواب رفعت یار جنگ کی صاحبزادی تھیں۔ ڈاکٹر زور صاحب کے پانچ بیٹے اور چار لڑکیاں ہوئیں۔ ان کی اولاد میں سے، ان کی بیٹی، تہذیب النساء زور نے، ان کے راستے پر چلتے ہوئے، شعر گوئی کے سلسلے کو آگے بڑھایا تھا اور عثمانیہ یونیورسٹی سے لسانی علوم میں ماسٹرز کیا تھا۔ 1999 میں تہذیب کے انتقال کے بعد، ڈاکٹر زور کی افسانوی مشعل اب ان کی نواسی تنویر زمانی کے ہاتھ میں ہے وہ ایک بہترین افسانہ نگار ہیں۔ جو بوسٹن، امریکہ میں مقیم ہیں اور ہارورڈ یونیورسٹی کے ہسپتال میں بطور معالج کام کر رہی ہیں۔ وہ بین الاقوامی سیاست میں بھی پی ایچ۔ ڈی کی سند رکھتی ہے۔ جو انھوں نے خواتین کی تعلیم کی سرکردہ حامی تھیں۔ ان کو ناامیدی اور پستی کی زندگی سے نکالنا چاہتی تھیں۔ ان چھوٹے صاحبزادے سید رفیع الدین قادری اپنے والد کے کاموں کو آگے بڑھا رہے ہیں انہوں نے اپنی کاوش و جستجو سے زور صاحب کے تمام مضامین 1925-1962 تک جو ہندو پاک کے مختلف رسالوں میں شائع ہوتے رہے انھیں یکجا کر کے مضامین زور اور افادات زور کے نام سے نو جلدوں میں شائع کیا یہ ان کا بڑا کارنامہ ہے۔

عالمی برادری سے رشتہ ہموار کرنے کے لئے موجودہ دور میں "سماج" ایک (Unit) اکائی کا درجہ رکھتا ہے اور وہی قومیں ترقی کی راہوں پر تیزی کے ساتھ گامزن ہو سکتی ہیں۔ جنھوں نے اپنے ساج کا تعلق عالمی برادری سے جوڑے رکھا ہو، ورنہ ان کی ترقی راہیں سست رفتاری کا شکار ہو سکتی ہیں۔ آج کے اس ترقی یافتہ دور میں دنیا کی تمام قومیں ایک سماج سے منسلک یا جوڑ جانا چاہتی ہیں تا کہ مفاد عامہ کی ترقی میں وہ بھی برابر کی شریک کار رہیں۔ یہاں یہ بات بتانا ضروری ہے کہ اردو داں طبقہ کو ایک سماج سے مربوط کرنے کی اولین کوشش جنوبی ہند میں شروع ہوئیں اور ڈاکٹر زور مرحوم نے اپنی تخلیقات، مضامین، افسانے اور حقیقی لسانی دلائل سے ہماری معاشرت کو ساجی شعور سے ہم آہنگ کرنے کی بھرپور کوشش کی تھیں۔ تا کہ اردو داں طبقہ اس خلیج کو پاٹ سکے، جس سے وہ ترقی کے میدان میں میلوں دور دھندلا نظر آتا ہے۔ ڈاکٹر زور اپنے قلم کے ذریعہ ہندو مسلم معاشرت کے امتزاج سے بہترین سماج کی بنیاد رکھنا چاہتے تھے۔ "کلیات محمد قلی قطب شاہ" کی تدوین اور ترتیب کے دوران محمد قلی کی نظموں پر عنوانات تجویز کرنا ڈاکٹر زور کا ایسا کارنامہ ہے جس سے ان کا سماجی شعور پوری طرح اجاگر ہوتا ہے۔ اپنی کتاب" گولکنڈے کے ہیرے" کے دیباچے میں اپنے سماجی شعور کی وضاحت کرتے ہوئے لکھتے ہیں "اس امر کی بے حد ضرورت ہے کہ ہر ممکنہ مواد سے فائدہ اٹھا کر ہندوستان کے مختلف اقطاع کی ایسی تاریخیں مرتب کی جانی چاہیے، زور صاحب اپنی تحریروں میں بادشاہوں اور امیروں کے حالات کے ساتھ ساتھ عوام اور

غریبوں کی زندگی کو بھی نمایاں کیا ہے۔ درباروں اور حرم سراؤں کی پر تکلف آرائش وزیبائش کے علاوہ، عام اور پست مکانوں میں رہنے سہنے والوں کی معاشرت بھی ظاہر کی اور سب سے بڑھ کر وہ چھپے ہوئے راز بے نقاب کرنا چاہتے تھے، جن پر اس زمانے کے لوگوں کے قلبی اطمینان اور راحت واکرام کا انحصار کر بیٹھے تھے۔

ڈاکٹر زور سماجی یکسانیت کے پر زور حامی تھے۔ بادشاہوں کے ہمراہ عوام کے حالات زندگی قلم بند کرنے کا استدلال اس بات کا ثبوت پیش کرتا ہے کہ ڈاکٹر زور نے بادشاہ اور عوام کو سماج میں انسانیت کے ناطے ہم پلّہ ثابت کرنے کی بھر پور کوشش کی، جس سے عوام کا سماجی موقف بہتر ہو جاتا ہے اس طرح ڈاکٹر زور نے حالات سلاطین کے ہمراہ عوام کی سادہ و پست زندگی کی پیش کشی کا اظہار کر کے اپنے سماجی شعور کو نمایاں کیا ہے۔ ڈاکٹر زور کے خیال میں بادشاہ اور عوام کا ایک ہی طبقہ سے یعنی طبقہ انسانیت سے تعلق ہونے کی وجہ سے ان دونوں کا تعلق ایک ہی سماج سے ہوتا ہے۔ جس کی وجہ سے وہ ایک دوسرے سے سماجی بندھن میں بندھ جاتے ہیں۔ اپنے سماجی شعور میں "سماجی مساوات" کو تقویت پہنچانے کے لئے انھوں نے " کلیات محمد قلی" کی نظموں میں ایسے گوشوں کو بہت زیادہ واضح طور پر پیش کیا ہے۔ جن میں بادشاہ اور عوام میں مساوات کا عمل دکھایا گیا ہے محمد قلی قطب شاہ کی رعایا میں ہندوؤں کی کثرت تھی محمد قلی قطب شاہ حیدرآباد میں ایک بین قومی فضاء کی ترویج میں بڑا نمایاں حصہ لیا تھا۔ ملک کے دوسرے تمام طبقوں کا دل موہ لینا چاہتا تھا۔ اسلامی شور سے منانے کا رواج قایم کیا عیدوں کے علاوہ دیگر قوموں کی تقاریب کو زور وشور سے مناتا تھا۔ اور اس کے محل میں ہندو عورتوں اور ملازموں کی کمی نہ تھی لیکن ایسا معلوم ہوتا ہے کہ ایک شاعر اور ایک حساس دردمند بادشاہ ہونے کے ناطے وہ نہ صرف محلاتی سطح پر بسنت تہوار کا اہتمام کرتا تھا بلکہ غریب عوام کے ساتھ بھی بسنت تقاریب میں بے تکلفی سے حصہ لیتا تھا"۔ زور محی الدین قادری،:207 کلیات محمد قلی:صفحہ نمبر 1

نظم "بسنت" کے چند اشعار میں اس طرح کے اشارے ملتے ہیں اور بقول ڈاکٹر زور اس قسم کے واقعات کا ذکر اگر چہ کہ تاریخوں میں زیادہ نہیں ملتا۔ اس کے باوجود بھی محمد قلی کی نظم کے مطالعہ کے بعد یہ بات صاف ظاہر ہوتی ہے کہ قلی اپنی رعایا سے بے تکلفانہ برتاؤ کو پیش کرنا خود اس بات کی دلیل ہے کہ ڈاکٹر زور محمد قلی کو اپنے سماجی شعور کی روشنی میں پیش کرنا چاہتے تھے۔ محمد قلی کو ''سماجی مساوات'' کا علمبردار بتا کر اپنے شعور کا پرچار چاہتے تھے۔

موجودہ دور میں طبقاتی افراتفری کا خاتمہ ہی "سماجی مساوات" کا ضامن ہوتا ہے۔ قلی قطب شاہ کا اسلامی عیدوں کے علاوہ دیگر تہواروں کو رواج دینے کے عمل کو جملہ طبقات کا دل میوہ لینے والا عمل رواداری ثابت کرنے کے لئے ڈاکٹر زور نے یہ حوالہ درج کیا ہے۔ جو ان کے سماجی شعور کا عکاس ہے۔ ڈاکٹر زور شخصی طور پر سماجی مساوات " کے گرویدہ تھے اور جن کیفیات کو وہ بہتر سمجھتے تھے، اسی کے عکس کو انہوں نے کلیات میں بہت زیادہ نمایاں کر کے پیش کیا ہے۔ جس سے یہ بات ظاہر ہوتی ہے کہ ڈاکٹر زور فکری وشعوری طور پر مساوات " کے پر زور حامی اور علمبردار رہے جس کی وجہ سے محمد قلی قطب شاہ کی نظموں میں انہیں ایسا عنصر دکھائی دیتا تھا۔ جو محمد قلی قطب شاہ کی شخصیت میں قومیت پسندی کوٹ کوٹ کہ ظاہر ہوتی ہے۔ اس سے صاف ظاہر ہوتا ہے کہ ڈاکٹر زور کا سماجی شعور کافی بلند تھا۔ چنانچہ مضمون ''گولکنڈہ کے ہیرے "میں لکھتے ہیں" جب تک بادشاہوں اور غریبوں کی خوبیوں کے خاص نمونے اور ان کے اسباب حالات، وعمل پیش نہ کئے جائیں۔ ہماری تاریخیں، درسگاہیں اور ہماری جدید نسلیں ان کے ذریعہ سے ترقی کی شاہراہ پر گامزن ہونے کے گر نہیں سیکھ سکتیں"۔ 3۔ زور محی الدین قادری، دیباچہ گولکنڈے کے ہیرے۔

ڈاکٹر زور کے سماجی شعور کا مسئلہ اس حوالہ سے پوری طرح حل ہو جاتا ہے کہ وہ سماجی مساوات یا یکسانیت کا پرچار کر کے جدید نسلوں کو ترقی

کی ہموار راہوں پر گامزن رکھنا چاہتے ہیں اور امیر و غریب کے درمیان جو دیوار حائل ہے اس کے انہدام کے لئے وہ اپنے سماجی شعور کو پیش کرتے ہیں۔ ان کے نزدیک سماجی عدم مساوات کا ازالہ بادشاہوں اور غریبوں کی خصوصیات و خوبیوں کو پیش کر کے کیا جا سکتا ہے۔ ڈاکٹر زور کا سماجی شعور بیرونی اثرات سے متاثر نہیں بلکہ وہ خود بیرونی اثرات کو متاثر کرتا ہے، یعنی زور مرحوم نے اپنا ذہن "سماجی مساوات" کا ذہن بنایا ہے اس سے لوگ اثرات قبول کرتے ہیں، وہ خود کسی بیرونی اثر کا تابع نہیں۔ ڈاکٹر زور کی اسی خوبی کی وجہ سے انہیں بہترین سماج پسند کہا جاتا ہے۔

قطب شاہی سلاطین کی رعایا پروری اور ''مشترکہ سماج'' کی تشکیل کی کوشش کو وہ اپنے ہر مضمون میں ظاہر کرتے رہے ہیں، بلکہ یہ کہنا مناسب ہوگا کہ دکنیات کے شعبہ کا قیام خود ان کا ایک ایسا کارنامہ، جس کے ذریعے وہ ایک مشترکہ دکنی سماج کی بنیاد رکھنا چاہتے تھے۔ جس میں خود سلاطین گولکنڈہ کو خصوصیت کے ساتھ شامل کیا گیا تھا۔ چنانچہ اس بیان کو تقویت پہنچانے کے لئے کہا جا سکتا ہے "ایک عرصہ میں قطب شاہی حکمرانوں نے تہذیب و تمدن، تمول و ثروت علم و فضل اور شعر و سخن کا ایسا ماحول و فضا پیدا کر دیا تھا۔ جس پر دکن کی تاریخ بجا طور پر فخر کر سکتی ہے۔ ان بادشاہوں نے شیعہ سنی و ہندو مسلم، سکھ، عیسائی غرض ہر مذہب و ملت کے باشندوں میں ایک مشترک کلچر و ہم آہنگی پیدا کرنے میں یہاں تک کامیابی حاصل کی تھی کہ دوسروں کے لئے اس ملک کے رہنے والوں کا باہمی اتحاد اور یگانگت باعث رشک بن گیا تھا۔ حالانکہ قطب شاہی بادشاہ شیعہ عقائد پر کاربند تھے لیکن ان کے دربار میں اکثر وزراء سنی ہندو حتی کہ سکھ عقائد پر کاربند تھے۔ ان کے درمیان کسی بھی طرح کی فرقہ پرستی یا بھید بھاو دیکھنے میں نہیں آتی تھی۔ 4۔ ڈاکٹر زور۔ دیباچہ گولکنڈہ۔

ڈاکٹر زور جس سماجی شعور کے علمبردار تھے۔ اس کا عکس قطب شاہی تاریخ سے اخذ کرتے ہوئے وہ دکن میں ایسی میل جول کی فضاء پیدا کرنا چاہتے تھے جس کی وجہ سے جنوبی ہند میں بسنے والوں کا مشترکہ سماج بن جائے اور وہی کارنامے عود کر آ جائیں جن کی بدولت عہد قطب شاہی، دکن کی تاریخ میں یادگار باب بن گیا ہے۔

ڈاکٹر زور کا سماجی شعور اگر چہ ان کی فکری کاوشوں کا نتیجہ ہے لیکن یہ قطب شاہی رواداری کے پیچھے اتنا گم نظر آتا ہے کہ ادب کا ہر قاری اسے ڈاکٹر زور کا کارنامہ قیاس کرنے میں پس و پیش نہیں کرتا ہے۔ لیکن یہ امر ایک حقیقت ہے کہ زور صاحب کی فکری صلاحیتوں میں پوشیدہ ''سماجی شعور''، ''کلیات محمد قلی'' کے مخطوطات کو اکٹھا کرنے کے لئے اکسایا تھا اور ان کے سماجی نظریات کو تسکین دینے کے لئے تاریخ قطب شاہی کافی ثابت ہوئی۔ ڈاکٹر زور کو ''کلیات محمد قلی'' کے مخطوطات دستیاب نہ ہوتے تو ان کی سماجی فکر ضرور انہیں سماجی مصلح بنا دیتی۔ ڈاکٹر زور کی تحریریں خود گواہ ہیں کہ وہ سماجی مساوات کے علمبردار تھے اور دکنیات کے ذریعہ ایک مشترکہ دکنی سماج کی بنا د رکھنا چاہتے تھے۔ ان کے "سماجی شعور" کے تاریخی تخیلات کو قطب شاہی تاریخ سے بہت زیادہ روشنی ملی، جس کی وجہ سے ان کے دل و دماغ میں روشن چراغ اس طرح منور ہوا کہ ان کا "سماجی شعور" ادب کی گتھیاں سلجھانے میں مصروف ہو گیا۔ ڈاکٹر زور سماج کے نمائندے تھے۔ اسی لئے ان کے ''سماجی شعور'' کے اثرات بکثرت ہندوستانی سماج میں دیکھے جا سکتے ہیں کتابوں کے ڈھیر میں ان کے اندر کا سماجی انسان کہیں چھپ کر رہ جاتا ہے۔

ڈاکٹر زور کے ''سماجی شعور'' کو ان کی بے پناہ ادبی مصروفیات نے مفکر بننے کا موقع نہ دیا۔ اگر وہ ادبیات پر توجہ دینے کے بجائے سماجیات پر غور و فکر کرتے تو ضرور سوشیالوجی میں ان کے شعور اور تصورات کو منفرد دکنی سماج کے ارتقاء کی صورت میں شامل کیا جاتا تھا۔ آج کے اس سماج پسند دور میں ڈاکٹر زور کے "سماجی شعور" کو سمجھنے اور اس پر عمل کرنے سے ملک و قوم کی لازوال ترقی عین ممکن ہے۔

موت سے بھی مریں گے نہیں زور ہم زندگی میں جو کچھ کام کر جائیں گے

ڈاکٹر زورؔ اور اِدارہ ءاَدبیاتِ اُردو بہ یک نظر

مضمون ______________ ڈاکٹر محمد جعفر جری

مولانا آزاد اورینٹل ریسرچ انسٹی ٹیوٹ کے اَربابِ مجاز نے بتاریخ ۱۱رجون ۲۰۲۲ءاُردو کی ایک نابغہ ءروزگار شخصیت اپنے ریسرچ انسٹی ٹیوٹ کے بانی ممبر اور بانی اِدارہ ءاَدبیاتِ اُردو، ڈاکٹر سید محی الدین قادری زورؔ پر''ایک روزہ سمینار'' کا اِنعقاد کرتے ہوئے بھر پور خراجِ عقیدت پیش کی ۔ راقم کی یہ تحریر بھی اِسی سمینار کی یادگار اور ایک حقیر سا نذرانہ ءعقیدت بھی ہے، جہاں چودہ برس کام کرنے کا سلیقہ سیکھا۔ یہاں اس بات کی وضاحت بھی ضروری سمجھتا ہوں کہ بحیثیت خاندان اور آ باواجداد ڈاکٹر زورؔ خود بھی علم واَدب کی بڑی شخصیت تھے اور بڑے صوفی بزرگوں کی اولاد میں سے تھے۔ اِس مضمون میں ڈاکٹر زورؔ اور اِدارہ ءاَدبیاتِ اُردو کی بنیاد، مقاصد اور اِس عظیم ورثے کی کارکردگی پر چند شعبوں کا سرسری تعارف ماضی اور حال کی روشنی میں پیش کرنے کی کوشش کی گئی ہے۔

•

ڈاکٹر سید محی الدین قادری زورؔ اُن شخصیتوں میں تھے جنھیں خالق نے ایک بیدار دل اور متلاطم ذہن کے ساتھ پیدا کیا تھا، اس غرض سے کہ اپنے گردوپیش کو اپنے موجزن خیالات اور شعلہ پرور جذبات سے مضطرب کریں اور سماج میں زندگی اور محویت کی روح پھونکیں۔ ڈاکٹر زورؔ ایسے صاحبِ عمل تھے کہ اُن کا ہر لحہ کیف پرور اور اُن کی ہر ساعت محرکِ عمل ہوتی تھی۔ ان کے دل ودماغ میں ہر آن نت نئے خیالات کی موجیں اُٹھتیں اور یہ موجیں وہیں ختم نہیں ہوجاتی تھیں بلکہ وہ اپنی پوری قوت کے ساتھ روبہ عمل میں آتی تھیں۔ وہ خود کام کرتے تھے اور دوسروں کو کارآمد بناتے تھے۔ اُن کی شخصیت میں ایسی جاذبیت تھی کہ صاحب ذوق خود بہ خود اُن کی طرف کھنچے آتے تھے اور اُن کے فیض صحبت سے دامنِ اُمید بھر لے جاتے تھے۔ اُن کی زندگی کا بڑا کرشمہ یہ ہے کہ اُنھوں نے اپنے اِردگرد ایک نئی دنیا بسائی جس میں علم وعمل کے دریا بہنے لگے۔ اور اس میں تصنیف وتالیف کے چراغ روشن ہوئے، وہ دنیا ابھی قائم ہے اور قائم رہے گی۔ ڈاکٹر زورؔ نے دنیا کو خیر باد کہہ دیا لیکن اپنے علم وعمل کا ایسا نقش بٹھایا کہ وہ محو نہیں ہوگا۔ جس کی سب سے بڑی اور زندہ مثال اِدارہ ءاَدبیاتِ اُردو کا قیام ہے۔ اور کچھ نہیں تو ''ایوانِ اُردو'' کی عظیم الشان عمارت ڈاکٹر زورؔ کے جذبہ ءعمل کو ہمیشہ یاد دلائے گی اور اس کا بلند بالا مینار دور سے آواز دے گا کہ بیسویں صدی عیسوی کے ابتداء تا وسط حیدر آباد میں کا ایک صاحبِ عمل گزرا تھا جو آئندہ نسلوں کے لیے علم واَدب اور ہماری تہذیب کا ایک بڑا سرمایہ ءحیات چھوڑ گیا۔

•

اِدارہ ءاَدبیاتِ اُردو ۲۵رجنوری ۱۹۳۱ء میں دکن کی اُردو خدمات کو اُجاگر کرنے اور دکن کی تاریخ وتمدن کی تحقیق وترتیب کے لیے قائم کیا گیا۔ اِبتداء میں ڈاکٹر زورؔ اپنے چند لائق طلبہ مثلاً میر حسن، مخدوم محی الدین، سعادت علی رضوی اور ابوالفضل وغیرہ کی تالیفات شائع کیں اور اس طرح سلسلہ ءمطبوعاتِ اِدارہ کا آغاز ہوا۔ گزرتے وقت کے ساتھ ساتھ اِس کی مقبولیت اور اِفادیت اتنی بڑھ گئی کہ اِس کی بعض کتابوں اور مضامین کے ترجمے انگریزی، ہندی، مرہٹی اور تلگو زبانوں میں شائع ہوئے اور اُس زمانے کے اَدبی اور تہذیبی ذوق و

شوق رکھنے والوں نے اپنے گھروں میں رکھی ہوئی اَدبی، تاریخی وتہذیبی کتابیں، اہم کاغذات اور دیگر قیمتی نوادر خود ہی بڑے اہتمام سے اِدارے میں محفوظ کرانے لگے۔ اس طرح ایوانِ اُردو کا کتب خانہ اور میوزیم ایسے ہی عطیوں کا ایک مجموعہ بنتا گیا۔

ادارے کے بڑھتے ہوئے کاموں اور روز افزوں ذخیرہ ءکتب ونوادرات نے اِبتداء ہی سے یہ محسوس کرا دیا تھا کہ اس کی اپنی ایک عمارت ہونی چاہیے۔ چناں چہ اس غرض سے نواب زین یار جنگ بہادر نے ۱۹۴۴ء میں ایک عمدہ رنگین نقشہ تیار کر کے اپنے بصیرت افروز نوٹ کے ساتھ اپیل شائع کرائی اور رفتہ رفتہ فنڈس جمع ہونے شروع ہوئے۔ ۳۰ر جنوری ۱۹۴۶ء حضرت خواجہ حسن نظامی نے عمارت کا نام ''ایوانِ اُردو'' تجویز فرمایا۔ لیکن ۱۹۴۸ء پولیس ایکشن کے بعد جب حیدرآباد کی تاریخ نے پلٹا کھایا اور یہ جمع کردہ رقم بحق حکومت ہند ضبط ہونے کا خطرہ محسوس کرتے ہوئے شری لکشمی نارائن گپتا صاحب نے ادارے کی مجلس انتظامی کو آگاہ کیا۔ اُس وقت کے صدرِ ادارہ نواب لیاقت جنگ بہادر کے کہنے پر ۲ر اکتوبر ۱۹۵۵ء کو محترمہ تہنیت النساء بیگم زورؔ نے اپنی ملک سے کچھ حصہ ءزمین اِدارہ کے لیے وقف کر دیا۔

آخرکار وہ دن بھی آیا کہ ۶ر نومبر ۱۹۵۵ء کو حکیم الشعراء حضرت امجدؔ حیدرآبادی کی دُعاؤں کے ساتھ اُس وقت کے چیف منسٹر ڈاکٹر بی۔ رام کرشنا راؤ صاحب نے اس عمارت کا سنگِ بنیاد رکھا اور اِدارے کے ایک دیرینہ رفیق مرزا ضامن علی صاحب گتہ دار نے تعمیر کا کام شروع کر دیا۔ وقفہ وقفہ سے رقم ختم ہوتی رہی اور تعمیری کام بھی رکتا اور چلتا رہا۔ اِس اَثنا میں مولانا ابوالکلام آزاد نے ڈاکٹر زورؔ کے کہنے پر حکومت ہند سے پچیس ہزار روپے کا عطیہ دلوایا، نواب مہدی نواز جنگ بہادر نے سالار جنگ اِسٹیٹ سے رقم دلائی، حضور نظام کے چاریٹی ٹرسٹ فنڈ، سنگارینی کالریز، نظام شوگر فیکٹری اور ڈاکٹر رگھونندن راج سکسینہ سے عطیے وصول ہوئے، پھر بھی یہ خواب شرمندۂ تعبیر نہ ہو سکا۔

ایک وقت پر ڈاکٹر زورؔ نے جناب بخشی غلام محمد صاحب وزیرِاعظم کشمیر کی خدمت میں اس بات کو گوش گزار کیا۔ جناب بخشی غلام محمد صاحب نے دیر سے سہی مگر کچھ اس طرح مدد کی کہ دوبارہ ہمت بندھ گئی اور اب جو کام شروع ہوا تو تکمیل تک پہنچے بغیر نہ رہا۔ اس کے ساتھ حکومت آندھرا پردیش نے بھی دستگیری کی اور پروفیسر ہمایوں کبیر اور ڈاکٹر بی۔ گوپال ریڈی صاحب نے حکومت ہند سے مزید اِمداد دلائی۔ تقریباً پانچ سال کی مدت میں سوا لاکھ روپیوں کے صرفہ سے اس کی تعمیر مکمل ہوئی۔ ۱۲ر مارچ ۱۹۶۰ء عالی جناب بخشی غلام محمد صاحب وزیرِاعظم جموں وکشمیر کے ہاتھوں اس ایوان کا اِفتتاحِ عمل میں آیا اور عزت مآب بھیم سین سچر صاحب ہزاکسلنسی گورنر آف آندھرا پردیش نے افتتاحی جلسہ کی صدارت فرمائی۔

''ایوانِ اُردو'' کی عمارت ہند اِسلامی طرز کا ایک حسین امتزاج ہے، یہ اُردو اور ہندستانی تہذیب کی پوری عکاسی کرتا ہے۔ چوں کہ اُردو زبان میں فارسی، عربی، ترکی، سنسکرت اور ہندی الفاظ کا میل جول ہے، جو فطری طور پر مختلف لسانی اور تہذیبی اثرات اُردو زبان و اَدب پر پڑے ہیں۔ اس عمارت کی تعمیر کے وقت اس بات کا خاص طور پر لحاظ رکھا گیا ہے تاکہ مختلف تہذیبوں کے خوش گوار ارتباط سے ایک بہتر طرزِ تعمیر عمل میں آئے۔

•

محمد اکبرالدین صدیقی کے بقول اِدارہ ءاَدبیاتِ اُردو کے اَغراض ومقاصد حسبِ ذیل ہیں: ''اُردو زبان اور اَدب کی توسیع و اشاعت اور حفاظت کرنا۔ سرزمین دکن میں اُردو زبان واَدب کا صحیح مذاق پیدا کرنا۔ ملک کے نوجوانوں میں انشا پردازی اور شاعری کا ذوق پیدا کرنا اور تصنیف وتالیف میں رہبری اور مدد کرنا۔ عوام میں اُردو کی تعلیم اور مطالعے کا شوق پیدا کرنا اور اس کے لیے ضروری وسائل اختیار کرنا۔ اُردو کو مختلف علوم وفنون سے روشنا کرانا۔ تاریخ دکن کی خدمت اور ملک کے تاریخی اَدب وآثار کی حفاظت۔ ایک ایسا مکمل کتب خانہ قائم کرنا جس میں اُردو کی بالعموم اور خاص طور پر دکن کی تمام تحریریں اور آثار محفوظ ہوسکیں اور جس کا ایک حصہ خواتین کی علمی واَدبی سرگرمیوں کے لیے بھی وقف رہے۔'' الغرض اِن تمام ضروری باتوں کو مدِنظر رکھتے ہوئے اِدارہ ءاَدبیاتِ اُردو کا قیام عمل میں آیا۔

•

اِدارہ ءاَدبیاتِ اُردو کے مختلف ذیلی شعبہ جات کے تعارف میں سب سے پہلے شعبہ ءمیوزیم کا جائزہ لیتے ہیں جو بہت ہی نادرو نایاب نوادرات سے مالا مال ہے۔ ایوانِ اُردو کے میوزیم میں اُردو زبان، تاریخ دکن اور دکنی تہذیب سے متعلق مختلف قسم کے جونوادر ''ایوانِ اُردو'' میں جمع ہیں موقع موقع سے قدردانوں کو اُن کا معائنہ کرایا جاتا ہے جو ادارہ کے میوزیم میں رکھے ہوئے ہیں۔ جہاں تک مشاہیرِ دکن اور مشاہیرِ اَدب کی اصلی تحریروں اور خطوں کا تعلق ہے، اِدارے میں سیکڑوں کی تعداد میں جلد کیے ہوئے محفوظ ہیں۔ قدیم بادشاہوں کے فرامین، احکام، اسناد، پروانے، یادداشتیں اور روزنامچے وغیرہ بھی کثیر تعداد میں جمع ہیں، اِن میں سے چند میوزیم کے شوکیس میں نمائش کے لیے رکھے ہوئے ہیں۔

سرزمین دکن زمانہ ءقدیم ہی سے خطاطوں اور خوش نویسوں کا مرکز رہی ہے اور یہاں کے بڑے بڑے شہروں بیدر، بیجاپور، اورنگ آباد اور حیدرآباد میں نہایت اعلیٰ پایہ کے خطاط گزرے ہیں، اِن کی خطاطی کے نمونے نہ صرف کتبات بلکہ مخطوطات کی شکل میں بھی ہمیں ملتی ہیں۔ اس کے علاوہ قدیم پینٹنگز، رنگین قلمی تصاویر بھی ہیں جن میں خانقاہوں، بادشاہوں اور اُن کے درباروں، شعرا، اُدباء سے ہٹ کر قدیم حیدرآباد کا ایک نقشہ بھی رکھا ہوا ہے جس میں حیدرآباد فرخندہ بنیاد کی تاریخی عمارتیں، اہم شاہراہیں، دروازے کھڑکیاں وغیرہ کا بہترین انداز میں مشاہدہ کیا جاسکتا ہے۔ ایسی نادرونایاب اشیاء کو محفوظ رکھنا اور اُس کی دیکھ بھال بھی اَدارہ ءاَدبیاتِ اُردو کے اَربابِ مجاز کی اَن تھک محنت اور کوششوں کا نتیجہ ہے۔ رفتہ رفتہ اِس ادارے کی سرگرمیوں میں اِضافہ ہوتا گیا، جن میں سے ہر شعبہ بجائے خود ایک اِدارے کا کام انجام دیتے آرہا ہے۔

•

اِدارہ کا ایک اور بڑا شعبہ کتب خانہ ہے۔ جہاں قارئین، طالبِ علم اور ریسرچ اسکالرس کے لیے ارکانِ اِدارہ کی مساعی سے قلمی کتابیں، شاہی فرامین، قدیم کاغذات، دستاویز، قدیم مطبوعات، اَدیبوں کے خطوط اور بیشتر ایسی مفید تحریریں جمع ہیں، جن کی اہمیت سے محققین بخوبی واقف ہیں۔ آج یہ کتب خانہ حیدرآباد کا گراں قدر سرمایہ ہے، اتنی متنوع دستاویزی تحریریں کسی اور کتب خانہ میں نہیں ملتیں۔ مخطوطات نہ صرف جمع ہیں بلکہ اِن کی وضاحتی فہرستیں بھی شائع کر کے کتب خانے کی اِفادیت کو عام کردیا ہے اور کتب خانے میں جمع شدہ مطبوعات کو بھی کیٹیلاگنگ کے ذریعہ محفوظ کیا گیا ہے۔ ریسرچ اسکالرس اور اخبارات کے مدیروں اور مالکوں کے لیے یہ بات بھی دل

چسپی اور خوشی کا باعث ہے کہ اِدارہ کا ترجمان رسالہ ماہ نامہ ''سب رس'' کے تبادلے میں جو رسائل واخبارات آتے ہیں اُنھیں سال بھر کے شماروں کی ایک جلد بنا کر کتب خانے میں محفوظ کر دیا جاتا ہے۔ اس طرح آج حیدرآباد میں رسائل کا جس قدر وسیع زخیرہ ادارے میں موجود ہے اُتنا کہیں اور نہیں ملے گا۔

•

اِدارہ کا ایک اور شعبہ، شعبہ ءِ اِمتحانات ہے۔ اُردو زبان واَدب کی توسیع اور اُس کے فروغ کے سلسلے میں ہر عمر کے بچوں اور بالغوں میں علم کے پروان چڑھانے میں اس شعبہ میں مختلف سطح کے اِمتحانات منعقد کیے جاتے ہیں؛ اُردو دانی، اُردو زبان دانی، اُردو انشاء، اُردو ماہر، اُردو عالم اور اُردو فاضل کے امتحانات رائج ہیں۔ پچھلے تقریباً تیس سال سے ابتدائی تین اِمتحانات عابد علی خاں ایجوکیشنل ٹرسٹ کے تحت روزنامہ ''سیاست'' کی نگرانی میں چلائے جارہے ہیں۔ بعد کے تین امتحانات آج بھی ادارہ کا شعبہ ءِ امتحانات منعقد کرتا آرہا ہے۔ یہ اِمتحانات حیدرآباد کے علاوہ ریاست کے مختلف اضلاع اور دوسری ریاستوں کے مراکز پر ہوتے ہیں۔ ہزاروں طالبِ علم یہاں سے فارغ ہو کر فیض یاب ہورہے ہیں۔

•

اِدارہ ءِ اَدبیاتِ اُردو کا ایک اہم شعبہ، شعبہ ءِ تالیف وترجمہ ہے۔ اس کے قیام کا مقصد یہ تھا کہ دیگر زبانوں کے اَدبِ عالیہ کو اُردو میں منتقل کیا جائے۔ علمی وفنی کتابوں کے ترجمہ کی ضرورت پر زور دیا، جو ہمارے اعلیٰ تعلیم حاصل کرنے والے طلبا کے لیے مفید ہوں۔ غیر زبانوں کی ایسی کتابوں کا انتخاب کیا گیا جو قابلِ ترجمہ سمجھی گئیں۔ اور کچھ کتابوں کو پہلے قسط وار اِدارہ کا ترجمان رسالہ ماہ نامہ ''سب رس'' میں شائع کیا گیا اور پھر کتابی شکل دی گئی۔ اس کے ساتھ جڑا ہوا ''سب رس کتاب گھر'' بھی ہے، جہاں مختلف کتابوں کی نکاسی ہوتی ہے۔ اس طرح سے یہ سلسلہ جاری ہے۔

•

اِن شعبوں کے بشمول اِدارہ ءِ اَدبیاتِ اُردو کا ایک اور قدیم شعبہ، شعبہ ءِ خطاطی ہے جو آج بھی متحرک اور فعال شعبہ کی حیثیت رکھتا ہے۔ پچھلے پچاس برسوں سے یہ شعبہ قومی کونسل برائے فروغِ اُردو زبان، حکومت ہند کے اشتراک سے چلایا جارہا ہے۔ جہاں پر ہر سال تقریباً پچاس طالبِ علم، جن میں لڑکے اور لڑکیاں شامل ہیں، فن خطاطی وگرافک ڈیزائن کی تربیت حاصل کرتے ہوئے نہ صرف اُردو زبان واَدب کو فروغ دے رہے ہیں بلکہ عربی وفارسی خطاطی کے فن میں مختلف اور اَعلیٰ مقامات پر برسرِ روزگار بھی ہیں۔ گزشتہ پچیس سال سے یہ شعبہ ممتاز اُستاد خطاط عبدالغفار صاحب کی تربیت میں رواں دواں ہے۔ یہاں کے طالب علم اپنے فن میں نہ صرف قومی سطح بلکہ بین الاقوامی سطح پر بھی خطاطی کے مقابلہ جات میں حصہ لیتے ہیں ہوئے اِدارہ ءِ اَدبیاتِ اُردو اور حیدرآباد کا نام دنیا بھر میں روشن کررہے ہیں۔

•

آخر میں یہ کہنا چاہوں گا کہ الحمدللہ راقم الحروف نے بھی اِدارہ ءِ اَدبیاتِ اُردو میں تقریباً ۱۴ سال محترم پروفیسر مغنی تبسم صاحب سابق معتمد عمومی کی تربیت میں مختلف حیثیت سے خدمات انجام دی ہیں۔ یہی وجہ ہے کہ اَدب اور اَدبی دنیا سے اِتنا قریب رہا ہے اور

اِدارہ ٔادبیاتِ اُردو کے نشیب وفراز سے بھی واقف ہے۔۲۰۰۴ء میں پروفیسر جعفر نظام صاحب نے اپنی ناسازیِ صحت کی بناء پر صدارت سے سبکدوش ہوئے اور یہیں سے اِدارے کا وہ عروج ختم ہونا شروع ہوا۔ایک طرف ڈاکٹر زورؔ کی صدی تقاریب کی تیاریاں ہورہی تھیں اور دوسری طرف ڈاکٹر زورؔ کے اس اِدارے کو نہ جانے کس کی نظر لگ گئی کہ وہ شاہانہ دور بھی اپنی چمک دمک سے کمزور ہورہا تھا۔ بانیِ شہر حیدرآباد فرخندہ بنیاد سلطان محمد قلی قطب شاہ کی سالانہ تقاریب بڑے جوش وخروش سے منائی جارہی تھیں کہ گنبدانِ قطب شاہی میں دورانِ پروگرام اسٹیج کا گرنا، جہاں کئی معزز شخصیتیں نشست فرما تھیں۔توسیعِ سڑک کے لیے اِدارے کی عمارت کا کچھ حصہ حاصل کرنے کے لیے محکمہ بلدیہ کی نوٹسیں اور ادارے کے اِمتحانات فاضل کا بورڈ آف اِنٹرمیڈیٹ سے مماثلت کا ختم ہوجانا۔ یہ تمام باتیں اِدارے کی ترقی میں حائل ہوتی رہیں۔ ۲۰۰۹ء میں محترم پروفیسر مغنی تبسم صاحب بھی اپنی طبعی عمر اور کمزوری کے باعث اِدارے سے سبکدوش ہوگئے۔ایسے وقت میں اِدارے کو ایک فعال اور حرکیاتی شخصیت کی ضرورت تھی۔اس کمی کو پُر کرنے کے لیے پروفیسر ایس اے شکور صاحب کا اِنتخاب بحیثیت معتمد عمومی ادارہ ٔادبیاتِ اُردو عمل میں آیا۔

بہرحال اِن حالات میں بھی پروفیسر ایس اے شکور صاحب نے اپنے دیرینہ تجربات کی روشنی میں ڈاکٹر زورؔ کے قائم کردہ اِدارہ کو اُس کی تمام تر سرگرمیوں کے ساتھ لے کر چلنے میں کہاں تک کامیاب ہوئے ہیں، نتائج ہمارے سامنے ہیں۔ اِدارہ کا ترجمان رسالہ ماہ نامہ''سب رس'' پابندی سے نکل رہا ہے۔شعبہ ٔامتحانات اپنی کارکردگی میں ہے۔شعبہ ٔخطاطی اپنی آن بان کے ساتھ سرگرمِ عمل ہے۔ شعبہ ٔتالیف وترجمہ اور شعبہ ٔخواتین کی سرگرمیاں اپنی جگہ ہیں۔اس طرح تمام شعبے اپنا اپنا مفوضہ کام انجام دے رہے ہیں۔اور آج کل ڈاکٹر زورؔ فیملی جیسے محبانِ اُردو کی عنایتوں سے''ایوانِ اُردو'' کی اس عظیم الشان عمارت کو اندرونی جانب سے تزئین نو کرتے ہوئے اس کے اسٹرکچر کو ایک نئی زندگی عطا کی جارہی ہے جو ہمارے بزرگوں کے عطا کردہ ورثے کو محفوظ رکھنے کے لیے بے حد ضروری ہے۔ایسی ہی شخصیات کے لیے اسی لیے ایک زمانہ پہلے علامہ اقبالؔ نے کہا تھا:

نہیں ہے نا اُمید اقبالؔ اپنی کشتِ ویراں سے
ذرا نم ہو تو یہ مٹی بڑی زرخیز ہے ساقی

OOO

ڈاکٹر سید محی الدین قادری زور دکنی تہذیب کے علمبردار

مضمون ________________ ڈاکٹر محمد ابرار الباقی

سرزمین حیدرآباد دکن کو اپنے جن مایہ ناز سپوتوں پر ناز رہا ہے ان میں ایک ڈاکٹر سید محی الدین قادری زور ہیں۔ ڈاکٹر زور (پیدائش ڈسمبر 1905 حیدرآباد۔وفات 24 ستمبر 1962 ء کشمیر) نامور ماہر لسانیات' بلند پایہ محقق اور نقاد' ادیب' شاعر' افسانہ نگار' مرتب و مدون' سوانح نگار' مورخ' ادارہ ادبیات اردو کے بانی اور دکنی تہذیب کے امین و پاسدار ہمہ پہلو شخصیت تھے۔ وہ اپنی ذات میں ایک انجمن تھے۔ دکنی زبان وادب اور دکنی تہذیب کے فروغ میں انہوں نے گراں قدر خدمات انجام دیں۔ وہ دکنی زبان وادب اور دکنی تہذیب کے سچے پرستار اور عاشق تھے۔اور اس کے تحفظ کے لئے انہوں نے دل وجان سے کام کیا۔ڈاکٹر زور نے اپنی تصانیف' اپنے افسانوں' ادارہ ادبیات اردو کے قیام اور یوم قلی تقاریب کے انعقاد اور دیگر گوشوں سے دکنی ادب اور دکنی تہذیب کی شناخت محفوظ رکھنے کی کوشش کی۔ڈاکٹر سید محی الدین قادری زور سراپا دکنی تہذیب میں ڈوبے ہوئے تھے اور انہوں نے اپنی زندگی اردو زبان کی ترویج اور دکنی تہذیب وثقافت کو پروان چڑھانے میں گذاردی۔دکنی زبان اور تہذیب سے ان کے بے انتہا لگاؤ اور دکنی تہذیب کو پروان چڑھانے کی ان کی بے مثال خدمات کو دیکھتے ہوئے بلا شبہ انہیں دکن کا دوسرا کوہِ نور کہا جاسکتا ہے۔ڈاکٹر زور اور دکنی تہذیب ایک سکے کے دورخ تھے۔ان کی حیات اور ادبی وتہذیبی خدمات دکنی تہذیب کی عکاس ہیں۔دکنی تہذیب کے تحفظ میں ڈاکٹر زور کی خدمات کا احاطہ کرتے ہوئے پروفیسر مجید بیدار لکھتے ہیں:

> ڈاکٹر زور دکنی تہذیب کے نہ صرف دلدادہ رہے بلکہ آخری عمر تک انہوں نے اسی تہذیب کی نمائندگی کی۔اس تہذیب میں ملنساری' بھائی چارگی اور خلوص ومحبت کو بڑا دخل تھا۔ دکنی تہذیب کی ان ہی خصوصیات کو زندہ رکھنے کے لئے انہوں نے ''یوم محمد قلی'' کی بنیاد رکھی تاکہ اس کے توسط سے دکنی تہذیب کو زندہ رکھا جائے۔۔ڈاکٹر زور نے تین سو سال بعد قطب شاہی تہذیب وثقافت اور اس دور کی شاعری کو دوبارہ زندہ کیا۔ یہی ان کی دکنی تہذیب کی ترویج اور اس کے تحفظ کی علامت ہے'' [1]

ڈاکٹر زور کے تہذیبی اور سماجی کارناموں میں ادارہ ادبیات اردو کا قیام' رسالہ سب رس کا اجراء' یوم قلی قطب شاہ تقاریب کا اہتمام اور دیگر سرگرمیاں شامل ہیں۔جن سے دکنی زبان وادب کے تحفظ اور فروغ میں ان کی خدمات کا اندازہ ہوتا ہے۔

ڈاکٹر زورؔ نے اپنی زندگی میں یوں تو کئی کارنامے انجام دیئے لیکن ادارہ ادبیات اردو کا قیام اُن کی زندگی کا عظیم الشان کارنامہ ہے جو یوروپ سے واپس لوٹنے کے ساتھ ہی آپ نے انجام دیا۔1930ء میں ڈاکٹر محی الدین قادری زورؔ لندن سے اعلیٰ تعلیم حاصل کر کے لوٹے تو انہیں شدت سے اس بات کا احساس ہوا کہ حیدرآباد میں اردو زبان کے لئے سازگار ماحول موجود ہے۔کیوں نہ یہاں ایسا ادارہ قائم کیا جائے جس کے ذریعے دکنی زبان وادب اور تہذیب وثقافت کا تحفظ وترویج ہو۔اس کے علاوہ حیدرآباد کے ابھرتے ہوئے مصنفین اور شعراء

کو اپنی صلاحیتوں کے اظہار اور تخلیقات کی پیشکشی کے لئے بھی ایک پلیٹ فارم مہیا ہو۔ اور دکن میں موجود قدیم علمی و ادبی سرمائے کو محفوظ بھی کیا جا سکے۔

ڈاکٹر زورؔ کو شدت سے اس بات کا احساس ہوا کہ جنوبی ہند کے ادیبوں، شعراء و مصنفین کو ایک ایسے پلیٹ فارم کی ضرورت ہے جہاں یہ اپنی تخلیقی صلاحیتوں کا لوہا منوا سکے۔ لہذا انھوں نے اپنے اس مقصد کے لیے ملک ے ہر طبقہ کو اپنے ساتھ رکھا جس میں ہندو مسلمان کی کوئی تخصیص نہیں تھی۔ ادارۂ ادبیات اردو کو قائم کرنے کا سب سے بڑا مقصد بلا لحاظ مذہب و ملت نہ صرف اردو زبان کی خدمت بلکہ مشترکہ قومی تمدن کی حفاظت بھی ہے جو ڈاکٹر زورؔ کے خوابوں کی تعبیر ہے۔

ڈاکٹر زورؔ نے انتہائی ناموافق حالات میں اپنے چند ساتھیوں کے ساتھ جس میں پروفیسر عبدالمجید صدیقی، عبدالقادر صدیقی، عبدالقادر سروری اور نصیرالدین ہاشمی کے تعاون سے ۱۹۳۱ء میں ''ادارہ ادبیات اردو'' قائم کیا۔ اس وقت ڈاکٹر زور کی عمر صرف ۲۷ سال کی تھی۔ اس طرح انھوں نے شعراء، ادباء اور قلم کاروں کو ایک مرکز پر لانے کی کامیاب کوشش کی۔

ڈاکٹر زور نے نئی نسل میں اردو زبان کے لیے کام کرنے کا نہ صرف جذبہ پیدا کیا بلکہ اُن میں ہمت بھی پیدا کی اور اُس وقت پھیلی ہوئی بے چینی اور احساس کمتری سے نجات دلائی۔ ادارۂ ادبیات اردو کے مقاصد میں اردو زبان کے فروغ و اشاعت کا کام، شعراء و مصنفین کی حوصلہ افزائی اور انھیں تصنیف و تالیف کی سہولتیں فراہم کرنا، عوام کو اردو تعلیم سے روشناس کروایا، اردو زبان و ادب کو وسعت دینا، ملک کی تاریخ، قدیم آثار و ادب کے شہ پاروں کی حفاظت کرنا، ایک سہولت بخش کتب خانے کا قیام اور خواتین کے اندر کتب بینی کے ذوق کو پروان چڑھانا شامل ہے۔ ڈاکٹر زورؔ نے اپنی بے پناہ صلاحیتوں کے ذریعہ اس ادارہ کو انتہائی کارکرد بنایا۔ آج برصغیر ہند کے محققین و دانشوران اردو اس ادارہ سے استفادہ کر رہے ہیں۔ اس عالی شان عمارت کی تعمیر کر کے انھوں نے ہزاروں بیش قیمت مخطوطات، مطبوعات، دکن کی تاریخ، دکنی تہذیب و تمدن کے علاوہ نوادرات اور ادبی آثار کا ایک گنج ہائے گراں مایہ بنا دیا ہے جو آج بھی لاثانی ہے۔

ادارۂ ادبیات اردو نے جب ترقی کی تو اسے بڑھتی ضروریات کے پیش نظر مختلف شعبوں میں تقسیم کیا گیا۔ جو اس طرح ہیں

۱۔ شعبۂ زبان ۲۔ شعبۂ تنقید ۳۔ شعبۂ تاریخ دکن ۴۔ شعبۂ شعراء و مصنفین دکن

۵۔ شعبۂ سائنس ۶۔ شعبۂ نسواں ۷۔ شعبۂ اطفال ۸۔ شعبۂ اردو امتحانات

۹۔ شعبۂ کتب خانہ ۱۰۔ شعبۂ اُردو انسائیکلو پیڈیا ۱۱۔ ماہنامہ ''سب رس''

ادارۂ ادبیات اردو نے اپنے دوسرے مقاصد پر عمل آوری کے ساتھ ساتھ تصنیف و تالیف پر توجہ دی خصوصاً دکن کی تاریخ و تہذیب کے تحفظ اور فروغ پر زور دیا گیا۔ جس کی بناء یہ ادارہ دکن کی تاریخ و تہذیب اور اردو زبان و ادب کی تحقیق کا ایک اہم مرکز بن گیا۔ اس ادارہ سے کئی تحقیقی کتابیں شائع ہوئیں۔ ''سلسلہ انتخاب شعرائے ادب'' کے تحت دکن کے مشہور شعرائے اردو کا کلام معہ مقدمے کے شائع کیا گیا۔ اس تحقیقی کارنامے سے اردو زبان و ادب کی گمشدہ کڑیوں کو جوڑنے میں کافی مدد ملی۔ یہ کتابیں اردو زبان کی لسانی، تہذیبی اور تاریخی مطالعے میں معاون ثابت ہوئیں۔ ان انتخابات کی اشاعت سے کسی مخصوص عہد کی پوری ادبی فضاء کو جاننے کا موقع ملا۔ اور بعد میں آنے والے محققین کے لئے یہ کتابیں نشان راہ ثابت ہوئیں۔ جن شعرا کا انتخاب پیش کیا گیا ان میں قابل ذکر سراجؔ اورنگ آبادی، شیر محمد

خاں ایماںؔ، میر شمس الدین فیضؔ، احمد حسین مائلؔ، سید تقی الدین بن حسن کیفیؔ، نواب عزیز یار جنگ بہادر عزیزؔ، میر احمد علی عصرؔ، گردھاری پرشاد، راجہ محبوب نواز بسنت باقیؔ، سید اللہ جوگی بہاری لال رمزؔ اور محمد بہبود علی صاحب صفیؔ وغیرہ شامل ہیں۔

ادارۂ ادبیات اردو سے ادبی تاریخوں پر بھی کئی کتابیں شائع ہوئیں۔ اردو زبان وادب کی تاریخ کے ساتھ ساتھ دوسری زبانوں جیسے عربی، فارسی، اردو، ہندی اور تاریخ پر کام کیا گیا۔ جس سے اردو داں حضرات کو دوسری زبانوں کے ادب سے روشناس ہونے کا موقع فراہم ہوا۔ ان کے علاوہ کئی تحقیقی مقالوں اور مضامین کو بھی کتابی شکل دی گئی۔

ادارۂ ادبیات اردو نے ایک اہم کام یہ بھی انجام دیا کہ دکن کے مشہور شعراء و مصنفین کی قبروں پر کتبے لگوئے۔ کیونکہ ایسے کئی شعرا اور ادیب گذر چکے تھے جن کی آرام گاہوں کا عوام کو علم نہ تھا اور ان کی تاریخ پیدائیش وہ تاریخ وفات کا کسی کو علم تھا۔ ادارہ نے بعد تحقیق کتبے بناتے ہوئے قبروں پر لگوائے جن پر صاحب مزار کی تاریخ پیدائش اور تاریخ وفات کا ذکر تھا۔ اس سے آنے والے محققین کو کافی سہولت ہوئی۔ اس ضمن میں کہا جا سکتا ہے کہ شاہ سراجؔ اورنگ آبادی، شاہ نصیر دہلوی، شاہ تجلی فیضؔ، میر عصرؔ اور عبدالجبار خان صوفی ملکاپوری کی آخری آرام گاہیں اسی تحقیق سے سامنے آئیں۔ اور ان کی قبور کی شناخت باقی رہی۔

ادارۂ ادبیات اردو کا اہم کارنامہ کتب خانے کا قیام رہا۔ ادارے کے کتب خانے میں قدیم ادب کے بکھرے خزانے کو یکجا کیا گیا۔ اس کوشش سے اس کتب خانے میں ہزاروں کی تعداد میں نایاب مخطوطات و مطبوعات، قدیم شاہی فرامین، دستاویزات، نقشہ جات، تصاویر اور اسلحہ جات کو جمع کر کے میوزیم کی شکل دی گئی۔ اس کوشش سے ادرارے میں دکن کی تاریخ اور تہذیب محفوظ ہوگئی۔ یہ ادارہ اردو تحقیق کی دنیا میں زبان وادب کی تحقیق کے لئے مواد کی فراہمی کا اہم مرکز بن گیا۔ یہاں نادر کتب کے متلاشی محققین کو ان کے لئے درکار کتابیں حاصل ہوتی ہیں۔ ادارۂ ادبیات اردو کی یہ خدمات دراصل ڈاکٹر زور کی مرہون منت ہیں جن سے دکنی تہذیب آج بھی زندہ ہے۔

ادارہ ادبیات اردو اور ڈاکٹر زور کا سب سے بڑا کام اردو کی توسیع اور اشاعت ہے۔ اس سلسلہ کی ایک کڑی ماہ نامہ ''سب رس'' ہے۔ یہ ایک علمی وادبی رسالہ ہے جو جنوری ۱۹۳۸ء سے شائع ہونے لگا۔ یہ رسالہ علم وادب کا علمبردار تھا جس میں ملک کے نوجوان ادیب وشعراء کی تخلیقات شائع ہوتی تھیں۔ اس رسالہ کے نگران کار ڈاکٹر زورؔ تھے۔ وہ یہ چاہتے تھے کہ اپنے شاگردوں اور ملک کے نوجوانوں میں کام کرنے کا جذبہ اور حوصلہ پیدا ہو۔ دکن والوں میں جو لوگ بھی احساس کمتری کا شکار تھے ڈاکٹر زورؔ اس بات کو بخوبی جانتے تھے۔ اس احساس کمتری کو نکالنے میں ڈاکٹر زورؔ نے بہت بڑی محنت کی۔ ڈاکٹر زورؔ کا سب سے بڑا مقصد یہی تھا کہ ''سب رس'' سب ہی کے لیے ہو یعنی یہ نہ صرف نوجوانوں بلکہ بچوں، بوڑھوں اور خواتین سبھی کے لیے دلچسپی کا باعث بن سکے۔ اس میں طلباء کا حصہ بھی رکھا گیا جس میں نظمیں، کہانیاں اور مضامین ہوتے تھے۔ ہر سالے کی ترتیب میں صنف نازک کی دلچسپیوں کا خاص خیال رکھا گیا۔ سب رس کے آخری میں ضمیمہ کے طور پر طلباء اور چھوٹے بچوں کے لیے ایک حصہ مختص کیا گیا تھا جو بے حد مقبول ہوا۔ ۱۹۳۹ء سے یہ علیحدہ طور پر نکالا گیا۔ مالی دشواریوں کے سبب یہ زیادہ عرصہ تک جاری نہ رہا۔ اس کے بعد ۱۹۴۰ء میں ''سب رس معلومات'' جو سب رس کے ضمیمہ کے طور پر جاری کیا جس میں تاریخی، سائنسی اور معلوماتی مضامین، کھیل کی خبریں اور مسابقتی امتحانات سے متعلق معلومات شائع کی جاتی تھیں۔ یہ بھی زیادہ عرصہ تک جاری نہ رہ سکا۔

ڈاکٹر زور کے زمانۂ حیات تک سب رس کے تقریباً ۲۲ شمارے شائع ہوئے۔ ان شماروں کی اردو دنیا میں خاطر خواہ پذیرائی ہوئی اور متعدد

رسائل میں ان پر تبصرے بھی شائع ہوئے۔ڈاکٹر زورؔ کی وفات کے بعد مولوی اکبرالدین صدیقی اس رسالے کے مدیر کی حیثیت سے تقریباً ۱۲سال تک اپنی خدمات انجام دیں۔''سب رس'' کی اہمیت کا اندازہ اس بات سے لگایا جاسکتا ہے کہ یہ جنگ کے زمانے میں جاری رہا۔پولیس ایکشن کے زمانے میں جاری رہا اور ملک کی تقسیم کے وقت جاری رہا یہاں تک کہ ڈاکٹر زورؔ کے والد حضرت زعمؔ کے انتقال کے باوجود بھی جاری رہا۔
پروفیسر محمد انورالدین اس کے مقام و مرتبہ کے تعلق سے لکھتے ہیں:

> ''اس رسالے نے کئی اہم ادبی شخصیتوں کی تعمیر کی۔اگر''زمانہ'' کو یہ اعزاز حاصل ہے کہ اس نے پریم چند اور ادبی دنیا نے کرشن چند کی ادبی شخصیت کی تعمیر کی تو''سب رس'' کے تعلق سے بھی کہا جاسکتا ہے کہ اس نے اکبرالدین صدیقی،حمیدالدین شاہد، بشیرالنساء بشیر اور صاحب زادہ میر محمد علی خاں میکش وغیرہ جیسی شخصیتوں کی تعمیر کی'' ۲؎

سب رس ایک سال تک ڈاکٹر زور کی نگرانی میں پھر صاحب زادہ میکش' حمیدالدین شاہد' پروفیسر مغنی تبسم ، پروفیسر بیگ احساس اور اب پروفیسر عبدالشکور کی ادارت میں شائع ہو رہا ہے۔

ڈاکٹر زورؔ کو قلعہ گولکنڈہ اور سلاطین قطب شاہیہ کی تاریخ سے والہانہ عشق تھا۔قطب شاہی دور کی گویا وہ زندہ انسائیکلوپیڈیا تھے۔دکن کی ادبی اور تہذیبی اہمیت کو واضح کرنے میں انھوں نے اپنا تن، من اور دھن سب کچھ نثار کر دیا۔انھیں اپنے وطن، مقامی معاشرت اور مشترکہ تہذیبی سرمایہ سے گہری محبت تھی۔اس کا ایک ثبوت''یوم محمد قلی'' تقاریب کا انعقاد ہے جس کو وہ ہر سال بڑے اہتمام سے منایا کرتے تھے۔یہ قومی یکجہتی و جذباتی ہم آہنگی کی ایک ایسی تقریب تھی جس میں ماضی کی عظمت رفتہ کی یاد کے ساتھ ساتھ مستقبل کی ترقی کے احساسات بھی پیدا ہونے لگے جس سے ان کی وسیع النظری اور فراخدلی کا اظہار ہوتا ہے۔انھوں نے ان تقاریب کے ذریعہ ہندوؤں اور مسلمانوں کو ایک دوسرے کے قریب آنے، ملنے جلنے اور باہمی اُخوت وحمیت کے جذبات کے پھلنے پھولنے کی داغ بیل ڈالی۔سید حرمت الاکرام کے مطابق:

> ''اُن کی دلی تمنا تھی کہ ہندوستان کی فضاؤں میں سانس لینے والے تمام انسان امتیاز وافتراق کی سطح سے بلند ہو کر اس طرزِ حیات کو اپنائیں جو نہ صرف انسانی بھائی چارگی کا آئینہ دار وعلمبردار ہو بلکہ اس سے ملک وقوم کی خوشی وخوشحالی کی بناء مستحکم تر ہو نیز خوش آئند مستقبل کی جڑیں زیادہ گہری، شاداب اور مضبوط ہوں'' ۳؎

چونکہ محمد قلی قطب شاہ کا دور حکومت مشترکہ کلچر، اتحاد ویگانگت امن وامان کا دور تھا اس لیے یہ دکن کا عہد زرین کہلاتا ہے۔اسی لیے اس عہد کی روایتوں کو پھر سے عوام میں زندہ کرنے کے لیے ڈاکٹر زورؔ نے ۱۱رجنوری ۱۹۵۸ء کو پہلی بار''یوم قلی قطب شاہ'' تقاریب کا آغاز بڑی دھوم دھام سے کیا۔ چارمینار سے ایک جلوس نکالا گیا۔''سری کشن لال'' میئر بلدیہ نے جلوس کے شرکاء کو مخاطب کیا۔مزاحیہ شاعر سرور ڈنڈا نے اپنی نظم سنائی۔۵ بجے شام گنبد محمد قلی قطب شاہ پر ایک جلسہ منعقد ہوا۔جناب بھیم سین سچر (اُس وقت کے گورنر آندھرا پردیش) نے تقاریب کا افتتاح کیا۔شعراء نے نظمیں سنائیں، مشاہیر کے پیامات سنائے گئے۔محمد قلی قطب شاہ کے مزار پر قرأت کلام پاک کے بعد مرثیہ خوانی ہوئی۔باغ فیض اثر میں میلہ لگایا گیا، آتش بازی کا مظاہرہ ہوا۔گنبد کے چبوترے پر قوالی کی محفل منعقد کی گئی۔ادبی اجلاس کے علاوہ نوادر قطب شاہی کی نمائش لگائی گئی جو ایک ہفتے تک جاری رہی۔۱۹۵۸ء

کے بعد سے ہر سال گنبدان قطب شاہی پر ''یوم قلی قطب شاہ'' تقاریب منائی جاتی رہیں۔ چند سال سے یہ تقاریب منعقد نہیں کی جارہی ہیں۔

ڈاکٹر زورؔ نے اپنی محنت ولگن سے اردو داں اور عام طبقہ کو فیض یاب کرنے کے لیے ادارۂ ادبیات اردو کے بعد ابوالکلام آزاد اورینٹل انسٹی ٹیوٹ کا قیام عمل میں لایا۔ یہ انسٹی ٹیوٹ مولانا آزاد کے انتقال کے بعد اُن کی یادگار کے طور پر قائم کیا گیا۔ اس کے بانیوں میں ڈاکٹر زورؔ، ڈاکٹر ذاکر حسین، نواب مہدی نواز جنگ، ڈاکٹر تاراچند، ڈاکٹر گوپال ریڈی، سری کرشنا کرپلانی جیسی باوقار ونامور ہستیاں شامل تھیں۔

ابوالکلام آزاد اورینٹل انسٹی ٹیوٹ کا قیام ۱۱؍جنوری ۱۹۵۹ء کو ہوا۔ اس کا افتتاح پروفیسر ہمایوں کبیر کے ہاتھوں عمل میں آیا۔ یہ انسٹی ٹیوٹ ابتداء میں ادارۂ ادبیات اردو کی عمارت کے ایک حصہ میں ہی کام کرتا رہا۔ بعد میں ۱۹۶۷ء میں باغ عامہ کی بلڈنگ میں منتقل کر دیا گیا۔ اس ادارہ کے ذریعہ ادب، تصوف، تاریخ، سیاست، مذہب اور دوسری زبانوں میں تحقیقاتی کام ہوا۔ آج بھی یہ ادارہ اپنے فرائض انجام دے رہا ہے۔

ڈاکٹر زورؔ اردو زبان کے ایک بہت بڑے محسن اور ادیبوں کے سرپرست تھے۔ ایوانِ اردو بھی ڈاکٹر زورؔ کے کارناموں میں سے ایک ہے۔ ادارے کے بڑھتے ہوئے کاموں اور روز افزوں ذخیرہ کتب ونوادر نے شروع ہی سے محسوس کرادیا تھا کہ اس کے لئے اس کی ایک اپنی عمارت تعمیر ہونی چاہئے۔

''ایوان اردو'' کا مقصد ادارۂ ادبیات اردو کی سرگرمیوں کو آگے بڑھانا اور ادبی جلسوں وغیرہ کے لیے ایک بڑے ہال کی ضرورت محسوس کی گئی۔ اسی دوران ''انجمن ترقی اردو آندھرا پردیش'' کے لیے ''اردو ہال'' کی تعمیر بھی شروع ہو چکی تھی۔ بعض اصحاب نے زورؔ صاحب سے کہا کہ جب اردو ہال بن رہا ہے تو آپ ''ایوانِ اردو'' کیوں بنا رہے ہیں؟ ڈاکٹر زور نے کہا:

> اگر دس ہال میں دس ایوان بن جائیں تو میں کہوں گا کہ گیارھواں ہال اور ایوان بننا چاہئے'' ۔۴؎

۶ نومبر ۱۹۵۵ء کو حکیم الشعراء حضرت امجد کی دعاؤں کے ساتھ اس وقت کے چیف منسٹر ڈاکٹر بی رام کشن راؤ صاحب نے اس عمارت کا سنگ بنیاد رکھا۔ مختلف لوگوں سے عطیات وصول کرتے ہوئے ایوان اردو کی تعمیر مکمل کی گئی۔ ایوان اردو کے افتتاح کے لیے بخشی غلام محمد جو وزیراعظم کشمیر تھے انھیں مدعو کیا گیا۔ اس وقت انھوں نے زورؔ صاحب کو کشمیر یونی ورسٹی میں آنے کی دعوت دی تھی۔ یہ زورؔ صاحب کی ملازمت کا آخری سال تھا۔

ڈاکٹر زور کی خواہش تھی کہ ''ایوان اردو'' بننے کے بعد قوالی کی ایک محفل سجے۔ وہ کشمیر سے حیدرآباد آئے۔ ان کے اہل وعیال کشمیر میں ہی تھے۔ پروگرام کے مطابق حیدرآباد کے عمائد اور مشائخ مدعو تھے۔ ڈاکٹر زورؔ کے انتقال سے دو ہفتے پہلے ''ایوان اردو'' میں عزیز احمد خاں وارثی کی قوالیوں کا پروگرام ہوا۔ ڈاکٹر سیدہ جعفر لکھتی ہیں:

> ''ایوانِ اردو زور صاحب کے لیے سنگ وخشت کی ایک خوبصورت عمارت ہی نہیں تھی بلکہ ان کے خوابوں کی تعبیر، ان کے تخیل کا رنگ محل، ان کی مشقتوں اور آرزوؤں کی جادو نگری اوران کے شہر آرزو تھا'' ۔۵؎

اس عمارت کے سلسلے میں ایک بات یہ بھی قابل ذکر ہے کہ اس میں باہر سے آنے والے ریسرچ اسکالروں کے قیام کے لئے

مہمان خانہ بھی تیار کیا گیا ہے۔ جس میں ایسے تمام ارباب وطلبہ علم وفضل قیام کرسکیں گے جو اردو کے علاوہ کسی بھی زبان تلگو ہندی مرہٹی فارسی عربی وسنسکرت کے ادب سے متعلق یا تحقیقی یا تخلیقی کام کے سلسلے میں حیدرآباد آئیں گے۔ سچ تو یہ ہے کہ یہ ہندوستان جدید کے شگفتہ رجحانات کی ایک ایسی مانگ ہے۔ جس کی طرف ملک کے ہر علمی وادبی ادارے کو بالآخر توجہ کرنا پڑے گا۔

ڈاکٹر زور کی یہ چند خدمات تھیں جن کے تذکرے سے اندازہ ہوتا ہے کہ انہوں نے دکنی تہذیب کو پروان چڑھانے اور اس کے تحفظ کے لئے اپنی زندگی وقف کردی۔ دکن کی خدمت انہوں نے کی تھی لیکن ان کی آخری آرام گاہ دکن میں نہیں رہ سکی اور کشمیر میں قیام کے دوران جب ان کا انتقال ہوا تو گھر والوں کے مشورے سے ان کی تدفین وہیں عمل میں آئی لیکن اہل دکن آج بھی اردو کے تہذیبی وثقافتی جلسوں میں ڈاکٹر زور اور ان کی دکنی خدمات کو یاد کرتے ہیں۔ آج ضرورت اس بات کی ہے ڈاکٹر زور کی چھوڑی ہوئی دکنی تہذیب کی وراثت کو سنبھالا جائے اور اسے مزید پروان چڑھایا جائے تب ہی ڈاکٹر زور کی دکنی خدمات کو حقیقی خراج مل سکتا ہے۔

OOO

حواشی:

۱۔ ڈاکٹر مجید بیدار۔ خصوصی مطالعہ۔ ڈاکٹر محی الدین قادری زور۔ نصابی کتاب عثمانیہ یونیورسٹی۔ ص ۱۸۸۔ حیدرآباد ۱۹۹۹ء

۲۔ پروفیسر محمد انورالدین۔ مضمون۔ سب رس کی ادبی اہمیت۔

۳۔ سید حرمت الاکرام۔ ڈاکٹر زور شخص اور ادبی زندگی۔ مشمولہ مضمون سب رس زور نمبر۔ کراچی اشاعت ۷۹۔۱۹۷۸ء جلد ۲ شمارہ ۲، ۱ص ۳۳

۴۔ محمد اکبرالدین صدیقی۔ مضمون ڈاکٹر زورؔ صاحب۔ سب رس حیدرآباد، اکٹوبر، نومبر، ڈسمبر ۱۹۶۳ء، جلد ۲۲، شمارہ ۱۲، ۱۱، ۱۰ ص ۴۷

۵۔ ڈاکٹر سیدہ جعفر۔ مضمون ڈاکٹر زورؔ مرحوم۔ مشمولہ مضمون، سب رس زور نمبر، .... ۷۹۔۱۹۷۸ء ص ۳۹

اے وادیٔ کشمیر بتا! زور کہاں ہے؟

مضمون ______________________ ڈاکٹر رفیعہ سلیم

کشمیر کو جاتے ہیں سیاحت کے لیے
یا رفع مرض، حصول صحت کے لیے
اے زور یہ کیا کہ لے گئی تجھ کو قضا
کشمیر میں آہ، مرگِ غربت کے لیے

1961 کا سال ماہ مئی کشمیر اور اہل کشمیریوں کے لیے بے حد خوشی و مسرت کا موقع تھا۔ غلام محمد بخشی صاحب وزیر اعلیٰ کشمیر کی خواہش پر ڈاکٹر زور کا تقرر جموں و کشمیر یونیورسٹی میں بہ حیثیت پروفیسر صدر شعبۂ اردو و فارسی کے علاوہ ڈین فیکلٹیز آف آرٹ اینڈ اورینٹل اسٹڈیز کے ہوا تھا۔ اقتباس ملاحظہ ہوں:

''انھیں کشمیر آئے ہوئے بہت کم وقت گزرا تھا اور ہمیں یقین تھا کہ علم و ادب سے ان کی گہری دلچسپی اور ثقافتی میدان میں ان کا وسیع تجربہ ریاست میں صالح تمدنی تحریکات کو بڑھاوا دینے میں مددگار ثابت ہوگا۔ ہماری ریاست اس وقت ثقافتی نشاۃ الثانیہ کے دور سے گزر رہی ہے اور غلامی کے گھٹاٹوپ اندھیروں کے بعد اب ہماری قوم کی تخلیقی صلاحیت اجاگر ہو رہی ہیں اس اہم مرحلے پر ان میلانات کا راستہ متعین کرنے کے لیے زور صاحب کی گوناگوں علمی صلاحیتوں کی ہمیں بے حد ضرورت تھی۔ میں ان کی بے لوث علمی لگن سے پہلے بھی واقف تھا۔ اور اسی لیے میں ان کے مفید سرگرمیوں سے بے حد مسرور تھا۔ جو انھوں نے یہاں آنے کے بعد شروع کی تھیں مجھے توقع تھی کہ ان کی موجودگی سے ہم اور بھی زیادہ فیض اٹھائیں گے۔'' (شیرازہ: مئی 1963 ص 3)

یہ تھی کشمیر کے وزیر اعلیٰ کی بے لوث عقیدت مندی ڈاکٹر زور کے تئیں۔ یقیناً ڈاکٹر زور اردو ادب کے ان معدودے چند ادب نواز شخصیتوں میں سے ایک تھے جن پر اردو ادب خود ناز کرتا ہے۔ ڈاکٹر زور نے اپنی ساری زندگی اردو ادب کے لیے وقف کر دی تھی۔ دراصل آپ اردو کے سچے شیدائی تھے گویا اردو ان کی زندگی تھی اور تحقیق ان کی عبادت۔ قدرت نے انھیں غضب کا ذہن دیا تھا۔ زبان پر قدرت، وسیع مطالعہ، مصمم ارادہ، حوصلہ و ہمت سلجھا ہوا لب ولہجہ، شاہانہ رکھ رکھاؤ، بلا کی شائستگی، سنجیدہ مزاجی، کشادہ دلی، وصف انکساری ان ہی اوصاف حمیدہ کا مکمل پیکر تھے ڈاکٹر زور۔ اردو زبان کی خدمت سے والہانہ جذبہ ہی تھا جو انھیں اپنے وطن عزیز سے اس قدر دور دراز مقام پر غریب الدیار بنا کر لے گیا۔

کشمیر یونیورسٹی میں اپنا عہدہ سنبھالتے ہی انھوں نے ہمہ تن جستجو کے ساتھ شعبہ اردو کی ترقی و ترویج میں مصروف ہو گئے۔ اس سلسلہ کی پہلی کڑی یہ تھی کہ انھوں نے شعبۂ کشمیر کے نصاب میں لسانیات کو شامل کیا اور بڑے مزے لے لے کر اس خشک مضمون کو خوشگوار انداز میں پڑھاتے اور سمجھاتے رہے یہی نہیں کہ ان کی شدید خواہش بھی تھی کہ اس موضوع پر کوئی کشمیری پی ایچ ڈی کا مقالہ قلم بند کریں اس کے علاوہ انھوں نے ایم اے کے نصاب میں فارسی و سنسکرت جیسے مضامین شامل کیے اور ایک پرچہ ''قدیم دکنی ادب'' کا اضافہ کیا جس میں قدیم دکنی ادب کی نثر و نظم پر مبنی کتابوں سے کچھ اسباق شامل کیے گئے اور

خاص بات یہ رہی کہ ڈاکٹر زور نے اپنی نگرانی و رہنمائی میں یہ ذمہ داری حامدی کاشمیری صاحب کو سونپی تا کہ دکنیات کا مطالعہ اور دلچسپی کشمیری عوام میں بھی ہو اس بارے میں پروفیسر حامدی کاشمیری لکھتے ہیں:

''زور صاحب یہ پرچہ پڑھانے کے لیے تیار تھے لیکن پھر کچھ سوچ کر انھوں نے کہا اسٹاف میں سے کسی کو دکنی ادب لینا چاہیے تا کہ میرے بعد بھی کوئی پڑھا سکے یہ کہنے کے بعد انھوں نے کہا حامدی صاحب یہ پرچہ پڑھائیں گے۔ میں پس وپیش میں پڑ گیا۔۔۔ زور صاحب مصر رہے۔ مجھے ماننا پڑا۔۔۔ اور میں اس وقت سے دکنی ادب کا مطالعہ کرنے لگا۔'' (شیرازہ: مئی 1963 ص 45)

ڈاکٹر زور صاحب کی دوراندیشی دیکھیے کیسے انھوں نے یہ ذمہ داری حامدی صاحب کو دی تھی۔ اور اتفاق سے دو مہینوں کے بعد ہی ڈاکٹر زور داغ مفارقت دے گئے۔ جانے والے ایسے ہی یادگار کام کر گزرتے ہیں جس کو یاد کرتے ہوئے یقیناً بعد میں ہمیں حوصلہ و ہمت ملتی ہے۔ ڈاکٹر زور نے کشمیری اردو ڈکشنری مرتب کرنے کا ایک اہم کام انجام دیا اور ایک عمدہ تجویز یہ نکالی کہ بقول حامدی کاشمیری گریرسن کی مرتب کردہ رومن رسم الخط والی ڈکشنری کو کشمیری کا جدید روپ دیا جائے اور ساتھ ہی ساتھ نئے الفاظ کی ایک الگ فہرست تیار کی جائے تا کہ بطور اضافہ اسے بھی ڈکشنری میں شامل کیا جا سکے اور اس طرح تمام کمیٹی کے ممبروں نے اس تجویز کی تائید میں حامی بھری۔ اس کے علاوہ مشاعروں کا انعقاد عمل میں لاتے رہے اور ادبی محفلوں میں علمی و ادبی گفتگو پر آئے دن بحث ومباحثے منعقد کرواتے رہے جس کی وجہ سے کشمیر کے قلم کاروں کو ایک پلیٹ فارم فراہم ہوا اور ان میں پوشیدہ تخلیقی صلاحیتیں منظر عام پر آنے لگیں۔ ڈاکٹر زور نے شعبے کی میگزین ''نیا شعور'' کے ذریعے طلبہ وطالبات میں شعر وشاعری اور مضامین لکھنے کی تحریک پیدا کی۔ ڈاکٹر زور کشمیر میں اردو کے روشن مستقبل کے خواہش مند تھے انھوں نے کشمیر کی تاریخ اور تاریخی مقامات کے علاوہ قدیم ادبا وشعراء کے متعلق تحقیقی مواد بھی بڑی محنت وتلاش سے جمع کر رہے تھے اور کشمیری زبان بھی سیکھ رہے تھے۔ بلکہ چند کشمیری زبان کے روزمرہ مستعمل جملے استعمال بھی کرنے لگے تھے۔ وہ چاہتے تھے کہ کشمیر کے ادیبوں اور شاعروں سے متعلق ایک جامع کتاب قلم بند کریں۔ دراصل کشمیر کے ادیبوں سے انھیں دلچسپی ان کے قیام کشمیر سے قبل ہی سے وابستہ تھی۔ جس کا اندازہ ہمیں حامدی کاشمیری کے ان الفاظ سے ہوتا ہے:

''1959 میں میں حیدرآباد گیا ہوا تھا حکومت کشمیر کی طرف سے میں وہاں سنٹرل انسٹی ٹیوٹ آف انگلش (عثمانیہ یونیورسٹی کیمپس) میں انگریزی پڑھانے کا ایک ٹریننگ کورس مکمل کر رہا تھا۔ یہ زور صاحب کا شہر دیدار تھا۔۔۔ میرے اعزاز میں خیر مقدمی سب سے پہلا جلسہ زور صاحب نے اپنے ادارے میں منعقد کیا۔۔۔ ہندوستان کے ایک عالی شان ادبی ادارے کے معتمد، درجنوں کتابوں کے مصنف، ایک بہت بڑے ماہر لسانیات، نئی پود کے کشمیر جیسے دور افتادہ حصے سے آئے ہوئے ایک لکھنے والے سے شفقت کے ساتھ پیش آرہے تھے کیا یہ ان کی وسیع القلبی، محبت، قدردانی اور آزاد مشربی کا ثبوت نہیں؟؟'' (ص 38)

ڈاکٹر زور صاحب کے ایک اور کشمیری شاگرد مخمور حسین بدخشی بحیثیت استاد زور صاحب کی اعلیٰ ظرفی کا ذکر کرتے ہوئے لکھتے ہیں:

''4 ستمبر کو میں نے جموں وکشمیر یونیورسٹی میں ایم اے میں داخلہ لیا جب میں انٹرویو کے سلسلے میں ان کے کمرے میں آیا تو میں نے دیکھا کہ ڈاکٹر صاحب نے مجھے کرسی پر بیٹھنے کا اشارہ کیا میں بیٹھ گیا اور پھر۔۔۔ یوں مخاطب ہوئے آپ کا نام؟ میں نے نام بتایا آپ نے سرٹیفکٹ وغیرہ دفتر میں

داخل کی ہیں پوچھا؟ میں نے جی کہا اچھا تو آپ نے کبھی کچھ لکھا بھی ہے؟
جی میں افسانے لکھتا ہوں کہیں چھپ بھی گئے ہیں آپ؟ میں نے چند رسائل کے نام بتا دئے کوئی مجموعہ چھپا؟ جی نہیں آپ مجھے اپنی کہانیاں دکھا دیجئے ۔۔۔ ڈاکٹر صاحب نے میری کتاب چھاپ کر خود کو صحیح معنوں میں ایک استاد اور ایک راہنما ثابت کیا انھوں نے میری کتاب چھاپ کر مجھ میں خود اعتمادی پیدا کی دراصل یہ خود اعتمادی کا جذبہ اور احساس ہی ہوتا ہے جو ایک ادیب کے فن میں نکھار پیدا کرنے کا باعث بن جاتا ہے۔''

(ص 50,49، شیرازہ مئی 1963)

اس سلسلہ میں انہوں نے ادارہ ادبیات اردو حیدرآباد کے زیر اہتمام کئی ایک غیر مطبوعہ شعرا و ادباء کی تصانیف کو منظر عام پر لانے کا شرف بھی حاصل کیا اور ایک شعبہ ''مطبوعات کشمیر' ادارۂ ادبیات اردو کا قائم کیا تھا۔ جس کے تحت اولین کتاب جو منظر عام پر آئی، وہ تھی ''مخمور حسین بدخشی کے افسانوں کا مجموعہ' نیل کنول مسکائے' اور خود ڈاکٹر زور صاحب نے ایک سیر حاصل پیش لفظ کشمیر کے افسانہ نگاروں کے متعلق لکھا۔ جس میں تین ادوار میں انہوں نے وہاں کے افسانہ نگاروں کو تقسیم کیا۔ ابتدائی دور 1932 بتایا جس میں انہوں نے پریم ناتھ پردیسی، پریم ناتھ درکو نمائندہ افسانہ نگار قرار دیا۔ دوسرے دور کے اہم افسانہ نگاروں میں تیج بہادر بھان، پشکر ناتھ اور حامدی کاشمیری کو اہمیت دی۔ اس کے بعد نورشاہ اور مخمور حسن بدخشی کے نام قابل ذکر فہرست میں شمار کیے ہیں۔ ڈاکٹر زور مخمور حسن کی افسانہ نگاری کے متعلق لکھتے ہیں:

''مخمور حسن کے افسانے پڑھ کر مجھے اندازہ ہوا کہ یہ بہت رواں لکھتے ہیں اور ہر موضوع پر افسانوی انداز میں انشاپردازی کرتے ہیں...... اپنی ہی وادی کے انسانوں کو دیکھتے ہیں، ان کے ساتھ چلتے پھرتے ہیں، ان تمام کردار اسی آب و گل کی پیداوار ہیں۔''

(ص:62، شیرازہ، مئی 1963)

اس طرح ڈاکٹر زور مخمور حسن کے افسانوں کو کشمیر کی وادی سے نکال کر ساری ادبی دنیا میں کتابی شکل کے ذریعہ متعارف کروا کر صنف افسانہ نگاری کا ایک اہم کہانی کار ہونے کا شرف عطا کیا۔ اسی طرح ایک اور کشمیری شاعر رسؔا جاودانی کا کلام اور شہؔ زور کے کلام کو بھی منظر عام پر لایا۔ رسؔا جاودانی کو انہوں نے نظیر اکبرآبادی کا ہم خیال شاعر قرار دیا۔ اقتباس ملاحظہ ہوں:

''رسؔا جاودانی ایک فطری شاعر ہیں۔ ان کا کلام تکلف اور آورد سے پاک نظر آتا ہے۔ وہ غزلیں بھی لکھتے ہیں اور نظمیں بھی۔ مناظر قدرت، مطالعہ فطرت اور انسانی جذبات کی بڑی پاکیزہ ترجمانی کرتے ہیں۔ ان کی عمر بھی نظیر کی طرح بچوں کو پڑھانے میں گزری ہے اور اب وظیفۂ حسن خدمت حاصل کر کے خانہ نشین ہیں اور اپنا پورا وقت اردو اور کشمیری شاعری اور ادب کے لیے وقف کر رہے ہیں۔'' (ص:63)

رسؔا جاودانی کی غزل گوئی کو ڈاکٹر زور خواجہ میر درد اور مصحفی کا رنگ قرار دیتے ہیں۔ انہوں نے کئی ایک کشمیری قلمکاروں کی کتابوں کو اپنی رائے اور حرف اول لکھ کر افتخار بخشا ہے۔ ایسے ہی ایک استاد جو ریاضی جیسے مشکل ترین مضمون سے تعلق تو رکھتے ہیں لیکن اردو کے اسیر بھی ہیں۔ جس کی وجہ ان کے نوک قلم سے لاجواب سنجیدہ اور مزاحیہ اشعار صفحۂ قرطاس پر اترتے ہیں۔ اس شاعر کا نام ہے پروفیسر قاضی غلام محمد اور اس کلام کو ''حرف شیریں'' عنوان سے

62 میں شائع کروائے۔ اس مجموعہ کا پیش لفظ انگریزی کے پروفیسر سومناتھ نے لکھا تھا۔ جو کشمیر یونیورسٹی سے وابستہ تھے۔ اس مجموعہ کلام کا تعارف ڈاکٹر زور نے تحریر کیا۔ جس میں انہوں نے شاعر کی صلاحیتوں کا بھر پور احاطہ کیا ہے۔

میرے مضمون کا عنوان ڈاکٹر زور کشمیر کے قیام کے دوران کی روداد ہے اس لیے میں نے کشمیر میں ڈاکٹر زور کی علمی وادبی خدمات کا احاطہ کرنے کی حتی المقدور کوشش کی ہے۔

ڈاکٹر زور اپنے شاگردوں سے بڑے خلوص وشفقت سے ملتے تھے۔ بقول ڈاکٹر زور ''ایک استاد مانند ایک بت تراش کے ہوتا ہے۔'' یقیناً وہ ایک مصور تھے، ادب کے صناعی تھے۔ جنہوں نے سیکڑوں شاگردوں کو اپنے علم وفن سے فیض یاب کیا ہے۔ اپنے شاگردوں کو انہوں نے خطوط بھی لکھے، کبھی کسی کی ہمت افزائی کی تو کسی کو مضمون لکھنے کی تاکید کرتے ہوئے کبھی مشورہ دیتے تو کبھی کسی شاگرد کی ادبی سرگرمیوں کو سراہتے۔ واقعی وہ ایک مثالی استاد تھے۔ ڈاکٹر زور کے ساتھ حیات وفا نہ کرسکی ورنہ وہ کشمیر کی سرزمین سے بھی ایک زور جیسا ادب کا شیدائی ڈھونڈ کر اس کی سرپرستی فرماتے اور کشمیر کی سرزمین بھی اردو کا ایک اہم دبستان کہلاتی لیکن اس کے باوجود انہوں نے بہت ہی قلیل مدت میں وہاں جتنی ادبی سرگرمیاں انجام دی ہیں قابل ستائش ہیں۔ جو آج بھی اہل کشمیر کے قلمکاروں کے لیے ایک تحریک کا درجہ رکھتی ہیں۔ ڈاکٹر زور کے تاثرات تحریر کرتے ہوئے عبدالاحد رفیق لکھتے ہیں:

> ''مرحوم کے دل میں کشمیر کو ایک اعلیٰ علمی، تحقیقی اور ادبی مرکز بنانے کے منصوبے موجزن رہتے تھے آپ کہا کرتے تھے کہ جس طرح کشمیر گزشتہ دور میں علم وادب کا گہوارہ تھا اور طالب علم بخارا، سمرقند اور تاشقند سے علمی پیاس بجھانے کے لیے آتے تھے۔ اسی طرح یہاں از سر نو ہونا چاہیے کیوں کہ کشمیر میں قدرتی سکون حاصل ہے۔'' (ص:65، شیرازہ)

آہ! کسے معلوم تھا اور کس نے ایسا سوچا تھا کہ ڈاکٹر زور کشمیری قدرتی سکون کے اس قدر قائل ہو گئے تھے کہ اپنی آخری آرام گاہ وہیں بنائی۔ اور آخر کار 24 ستمبر 1962 کو کشمیر کی حسین وادی میں ابدی نیند سو گئے۔

ڈاکٹر زور پر کشمیر کا رسالہ شیرازہ نے اپنا اولین فرض ادا کیا اور ڈاکٹر زور نمبر سب سے پہلے نکالا۔ حرف آغاز کے الفاظ شیرازہ کے مدیر اعلیٰ محمد یوسف ٹینگ نے پر درد انداز میں قلم بند کیے۔ اقتباس ملاحظہ ہوں:

> ''جس وقت ان کا جنازہ اٹھا تو اس کے پیچھے پیچھے ایک طرف وزیر اعلیٰ کشمیر جناب بخشی غلام محمد، ان کی کابینہ کے وزراء، اعلیٰ احکام، یونیورسٹی کے وائس چانسلر سردار پانیکر اور دیگر اساتذہ اور ادیبوں، شاعروں اور زندگی کے ہر شعبے سے تعلق رکھنے والے ہزاروں نفوس کی آنکھیں بھی اشکبار تھیں جیسے اس ابنوہ کشمیر کا کوئی محبوب چھن گیا ہو۔ تلسی باغ میں ان کی قیام گاہ سے لے کر خانیار شریف میں ان کی آخری آرام گاہ تک یہ مجمع بڑھتا ہی گیا۔ زور صاحب آج ہمارے درمیان موجود نہیں ہیں مگر علم کا وہ فانوس اور تحقیق کا وہ شعلہ روشن ہے جس کی جوت جگانے میں انہوں نے اتنا بڑا حصہ ادا کیا۔ کشمیر تمدنی اور تہذیبی احیائے نو کے جس دور سے گزر رہا ہے وہاں ان کی یاد کا فیضان راہیں منور کرتا جائے گا اور نئی منزلوں کی نشان دہی کرے گا۔''
>
> (ص:8، محمد یوسف ٹینگ، ایڈیٹر شیرازہ، مئی 1963)

آخر میں تحریر کروں کہ سرزمین حیدرآباد فخر محسوس کرتی ہے اپنے آپ پر کہ زور جیسی شخصیت بھی سرزمین حیدرآباد کو اللہ نے عطا کی تھی۔ میں اپنے

مضمون کو کنور مہندر سنگھ بیدی کے تاثرات سے خراج عقیدت ادا کرتے ہوئے تمام کرتی ہوں۔ اقتباس ملاحظہ ہوں:

''ڈاکٹر زور کی یاد ان کے ہزاروں لاکھوں مداحوں کی طرح میرے دل میں بھی ہر وقت تازہ رہے گی۔ ان کی نیک نیتی، ان کی محنت، قابلیت، تحقیق اور مثبت اردو سے دلچسپی رکھنے والوں کے لیے مشعل راہ کا کام دے گی اور جب تک اردو زندہ ہے ڈاکٹر زور بھی زندہ رہیں گے۔''

آخر میں میں اس نظم کے چند اشعار ضرور درج کروں جو انہوں نے حیدرآباد دکن اور حیدرآباد سے متاثر ہو کر ڈاکٹر زور کی خدمت میں الوداعی ہدیہ کے طور پر پیش کی تھی۔

جہاں ہر کلی ایک مہکتا چمن ہے
جہاں ہر فرد اپنی جگہ انجمن ہے
جہاں شوخیاں ہیں ادا ہے پھبن ہے
جہاں سادگی میں بھی ایک بانکپن ہے
جہاں شعریت ہے جہاں قدر فن ہے
جہاں علم و فن کے لیے ایک لگن ہے
جہاں کی زمیں رشک چرخ کہن ہے
جہاں ذرے ذرے میں مشک ختن ہے
جہاں زورؔ و حیرتؔ کا بھی وطن ہے
جہاں انجمن واقعی انجمن ہے
جو سچ پوچھتے ہو سحرؔ تو وہ خطہ
دکن ہے دکن ہے دکن ہے دکن ہے

OOO

ڈاکٹر سید محی الدین قادری زورؔ کی کتاب ’’فنِ تقریر‘‘: ایک مطالعہ

مضمون ________________ ڈاکٹر محمد طیب علی

تقریر کے لغوی معنی بیان، ذکر، وعظ وغیرہ کے ہیں اسے ہم خطابت بھی کہہ سکتے ہیں یہ ایک فن ہے۔ لفظ ,تقریر، عربی زبان سے اردو میں آیا ہے۔ سید کلب مصطفیٰ اپنی کتاب ’’فن خطابت‘‘ کی تمہید میں علامہ ابن رشد کے حوالے سے یہ لکھا ہے کہ بیان ,تقریر یا خطابت نام ہے اس فن کا جس کی مدد سے اپنی بات دوسروں سے منوائی جا سکے۔ یعنی اس سے مراد وہ بیان ہے جو دلوں کو گرمانے، کسی بات کو واضح کرنے، کسی امر کا یقین دلانے، اثر پیدا کرنے، ترغیب دینے یا سامعین کو کسی خاص عمل یا روش پر آمادہ کرنے میں مدد دے۔

ڈاکٹر محی الدین قادری زورؔ کے حوالے سے بہت کچھ لکھا گیا۔ لیکن بہت کم لوگ واقف ہیں کہ ڈاکٹر محی الدین قادری زور صرف تحریر ہی کے بادشاہ نہیں تھے بلکہ وہ تقریری میدان کے بھی شہسوار تھے ان کی یہ کتاب ’’فن تقریر‘‘ کا ذکر بہت کم لوگوں نے کیا ہے بلکہ نہیں کے برابر ہے۔ نصیر الدین ہاشمی اپنے مقالے ڈاکٹر سید محی الدین قادری زور اور ان کی تصانیف (مشمولہ کتاب ڈاکٹر زور مصنف محمد بن عمر ۱۹۵۵ء) اور محترم خلیق انجم صاحب کی مرتب کردہ کتاب ’’محی الدین قادری زور‘‘ میں شامل ڈاکٹر ضیاء الدین انصاری کا مضمون ’’ زور صاحب کی تصانیف کا تعارف‘‘ یا پھر ڈاکٹر ابرار الباقی کے ایم فل کا مقالہ ’’ڈاکٹر سید محی الدین قادری زور کے تصانیف کی وضاحتی کتابیات‘‘ ان تمام میں اس کتاب کا کہیں بھی ذکر موجود نہیں ہے احقر نے یہ سوچ کر اس موضوع پر قلم اٹھانے کی جسارت کی ہے کہ اس کتاب سے عمومی طور پر استفادہ کیا جائے۔

’’فن تقریر‘‘ ڈاکٹر سید محی الدین قادری زور کی تالیف کردہ کتاب سلسلہ مطبوعات ادارہ دینیات اردو شمارہ (۳۳) کتب خانہ کے حوالے سے ۱۹۴۵ء میں اعظم اسٹیم پریس سے طبع ہوئی چھوٹی سائز کے ۹۶ صفحات پر مشتمل ہے۔ اس کے چھ (۶) ابواب ہیں۔

۱۔ مقرر بننے کے لئے کن کن ذاتی اوصاف کی ضرورت ہے۔

۲۔ مقرر بننے کے لئے کن کن امور کا خیال رکھنا چاہئے

۳۔ تقریر کا اسلوب۔

۴۔ تقریر کرنے کے مختلف طریقے۔

۵۔ حرکات کے عام اصول۔ اور

۶۔ خلاصہ

ان ابواب کے ذیلی عنوانات بھی ہیں کتاب میں دو دیباچے ہیں۔ ایک مختصر، دوسرا طویل، مختصر دیباچہ عمومی ہے، جو اس کتاب کی روح کا مقام رکھتے ہیں۔ ایک دلچسپ بات یہ ہے کہ کتاب کے آغاز، وسط اور آخر میں تصاویر دیئے گئے ہیں۔ جیسے۔ مؤثر تقریر، پریشان مقرّر، وبال جان مقرّر وغیرہ کی تصویریں ہیں۔

آیئے ہم ان ابواب پر روشنی ڈالنے سے پہلے ان دیباچوں پر ایک طائرانہ نظر ڈالیں۔ یقیناً یہ دیباچے بڑی اہمیت کے حامل ہیں جو تقریر

کی اہمیت وافادیت کو سمجھنے کے لئے کافی مددگار ثابت ہوتے ہیں۔

دیباچہ عمومی کا ایک اقتباس ملاحظہ فرمائیں۔

''انسان حیوانِ ناطق ہے۔اس بولنے والے جاندار کو دنیا کی دوسری مخلوقات پر اسی وجہ سے امتیاز حاصل ہے کہ وہ بول سکتا ہے۔اس کے اشرف المخلوقات کہلائے جانے کا اہم سبب اس کا نطق سے سرفراز ہونا ہی قرار دیا جاتا ہے۔اور یہ ظاہر ہے کہ جو انسان بہت اچھا بول سکتا ہے وہ دوسرے انسانوں پر یقیناً فضیلت رکھتا ہے یہی وجہ ہے کہ نجی گفتگو ہو یا مجمع کی تقریر دونوں موقعوں پر وہی شخص بازی لے جاتا ہے جو اپنے خیالات کو ایک خاص سلیقے اور خوبی کے ساتھ دوسروں پر ظاہر کرسکتا ہو۔''

اس اقتباس سے ہمیں تقریر کی اہمیت کا احساس ضرور ہوا ہوگا لیکن افادیت کے لئے اور ایک نمونہ اس پہلے دیباچے کا دیکھئے جس میں ڈاکٹر سید محی الدین قادری زور نے تقریر کا تحریر پر تفوّق ہونا بھی بتایا ہے۔

''اس میں کوئی شبہ نہیں کہ دِماغ پر تحریر کا اثر زیادہ ہوتا ہے لیکن اگر جذبات اور احساسات کو بیدار کرنا ہو تو تقریر ہی کی ضرورت پڑتی ہے۔'' تحریر کے ذریعہ سے لوگوں کو عمل کی طرف اتنا جلد راغب ہی نہیں کیا جاسکتا جتنا کہ تقریر سے کرسکتے ہیں ہر اہم معاملہ میں صرف تقریر ہی کے ذریعہ سے کامیابی حاصل کی جاسکتی ہے، تقریر ہی سے مردہ دل زندہ ہوجاتے ہیں، سوئے ہوئے جاگ پڑتے ہیں اور ہاتھ پر ہاتھ دھرے بیٹھے ہوئے لوگ سرگرم ہوجاتے ہیں، تقریر ایک بولتا ہوا جادو ہے، جو مقرر کی زبان سے نکلتے ہی سامعین کے دل ودماغ کو اپنے قبضہ میں کرلیتا ہے، یہ ایک ایسی قوت ہے جو وہ کام کرجاتی ہے جسے دنیا کی بڑی سی بڑے دولت بھی سرانجام نہیں کرسکتی۔

یہ بات یقین سے نہیں کہی جاسکتی کہ تقریر یا خطابت کی ابتداء کہاں اور کیسے ہوئی، ہاں گمانِ غالب ہے کہ جب اہم مسائل پر اظہارِ خیال کی ضرورت پیش آئی تو تقریر اور خطابت کی داغ بیل پڑی، ڈاکٹر سید محی الدین قادری زور نے اپنے دوسرے طویل دیباچے میں انسان کی خارجی اور باطنی گران بہا نعمتوں کے استعمال نہ کرنے پر انسانی زندگی کو خاموش لاش سے تعبیر دی ہے، جو ایک تاریک قبر میں رکھی ہوئی ہے ہندوستان کی اُس وقت کی بدلتی ہوئی سیاست کو مدنظر رکھتے ہوئے ڈاکٹر محی الدین قادری زور نے نئی پود کو یہ مشورہ دیا تھا کہ ''اس میں کوئی شک نہیں کہ وہی جماعت اپنے مقاصد میں کامیاب ہوسکے گی جس کے زیادہ سے زیادہ افراد اس کمال سے بہرہ ور ہوں، اور جس میں اعلیٰ پایہ کے مقررِ موجود ہوں'' راقم الحروف کے خیال میں آج کے دور میں بھی ڈاکٹر محی الدین قادری زور کا یہ مشورہ خصوصاً نئی پود کے لئے اور عموماً تمام عمر والوں کے لئے اتنا ہی اہمیت کا حامل ہے جتنا کہ اُس زمانے میں تھا۔

ہندوستان میں اُس وقت فنِ تقریر ایک عرصہ سے کسمپرسی کی حالت میں پڑا رہا۔اور یقیناً اردو میں یہ کتاب اوّلیت کا مقام رکھتی ہے، اگرچہ کہ ڈاکٹر محی الدین قادری زور نے مولوی سجاد مرزا صاحب کی بالغ نظری اور موقع شناسی بتلایا ہے کہ انہوں نے ایک قدیم کتاب جو ۱۸۹۰ء کی چھپی ہوئی بوسیدہ اور نامکمل انگریزی کا ترجمہ کیا ہوا، اور ناقابل فہم زبان تھی، ادارہ ادبیات اُردو کو از سرِنو اشاعت کے لئے دیا تھا، جس میں ڈاکٹر محی الدین قادری زور نے مکمل نظرِ ثانی کرکے اور عبارتوں کے اضافے کے ساتھ شائع کی، ڈاکٹر محی الدین قادری زور ہندوستان میں جدید فنِ تقریر کے بانیوں میں سر سید احمد خان اور بابو کی شب چندر سین کو قرار دیا ہے، اور اردو میں اعلیٰ پایہ کی تقریروں کا مؤجد سر سید ہی کو ٹھہرایا، اور

نواب محسن الملک شمس العلماء مولوی نزیر احمد، مولانا عبدالباری فرنگی محلی، مولوی عزیز مرزا، مولوی ظفر علی، مولانا محمد علی اور مولانا ابوالکلام آزاد کے ساتھ خصوصیت سے نواب بہادر یار جنگ بہادر کو اردو کے صفِ اوّل کے مقررین میں شمار کیا ہے، اسی طویل ترین دیباچہ میں عالمی فنِ تقریر کا جائزہ لیا ہے، جیسے اہلِ یونان، اہل روما، عرب مسلمان، انگریز اور فرانسیسی وغیرہ ڈاکٹر محی الدین قادری زور کہتے ہیں، دنیا کی دوسری قوموں میں ان اقوام میں جتنے بڑے بڑے مقرر پیدا ہوئے ہیں دنیا کی دوسری قوموں میں ان کی نظیر نہیں ملتی اور یہی وہ قومیں ہیں جنھوں نے انسان کی تاریخ اور تمدن کے بنانے میں بہت بڑا حصّہ لیا ہے، میرے خیال کو تقویت اس اقتباس سے ملے گی، کہ ''فنِ تقریر'' اور تقریر کے فن اوّلیت کا مقام رکھتی ہے، اگر چہ کہ بعد میں کچھ مصنفین انہیں خطوط پر، بہت سی کتابیں لکھی ہیں۔

اقتباس ملاحظہ ہو:

> ''اردو زبان میں ایسے فن کے لئے آنے کی جو ضرورت ہے اس کا اندازہ انہیں بے شمار ضروریات سے ہوسکتا ہے، جو ہمارے ملک اور قوم کو درپیش ہیں۔ہم کو یقین ہے کہ لوگ ہماری اس آواز کو سن کر جو شاید اس قسم کی سب سے پہلی آواز ہوگی۔''

آیئے اس فن کے ابواب کی طرف چلیں فنِ تقریر کی حدیں اسی فن تک محدود نہیں ہیں، فنِ تقریر کا تعلق، منطق، نفسیات صحافت اور ادب سے بھی ہے، اگر چہ کہ ادیب کے لئے ضروری نہیں کہ وہ مقرر ہو لیکن مقرر کا ادیب ہونا لازم ہے، خطابت یا تقریر دراصل ادب ہی کی ایک صنف ہے اس لئے جو خصوصیات اچھے لٹریچر کے ہیں وہی تقریر کے بھی ہے، ڈاکٹر زور صاحب نے پہلے باب کے ذیلی عنوانات کو اس طرح لکھا ہے، زندہ احساس، تیز فہمی، فہم عامہ (COMMON SENSE) اداکری یا اظہار تاثر، زندہ تصور، کشادگی طبع، تقریر کا جوہر ذاتی اور مضبوط ارادہ کے لئے مضبوط اور مستحکم ہمت درکار ہے، اگر ایک شخص بزدلی اور مذبذب ہوگا تو کبھی کامیاب نہ ہوگا۔

دوسرے باب کے مرکزی عنوان ''مقرر کن امور کا خیال رکھیں'' کے ذیل میں ڈاکٹر سید محی الدین قادری زور نے تحصیل علم یعنی ذخیرہ معلومات، دنیا کا علم، عام علم ادب، منطق، غور، مضمون نگاری، خاموش تقریریں، حافظہ کی تربیت اور قادرالکلامی پر توجہ دلاتے ہوئے کہا ہے کہ مقرر ہونے کے لئے زبان یا کلام پر پوری قدرت اور تصرف رکھنا نہایت ضروری ہے۔

تیسرے اور چوتھے ابواب میں تقریر کا اُسلوب اور تقریر کے مختلف طریقوں کے حوالہ سے اور تقریر کی ترتیب اور اندازِ بیان کے بارے میں کہا ہے کہ یہ بات یاد رکھنا چاہئے کہ جو زبان تقریر کے لئے موزوں ہے وہ کتابوں کی زبان نہیں ہوتی، تقریر اور تحریر کی زبان سے بہت اختلاف ہے تقریر کی زبان میں وسعت اور آزادی ہے، ڈاکٹر سید محی الدین قادری زور نے تقریر کے چار طریقے بتلائے ہیں۔

اول لکھا ہوا پڑھنا، دوم لکھ کر، یاد کر کے، دیکھے بغیر تقریر کرنا، سوم مضمون کا خاکہ تجویز کرنا پھر موقع سے ادا کرنا، اور چہارم اہم نکات کو لکھ کر موقع سے زبانی تقریر کرنا۔

دوران تقریر مقرر کو اپنی حرکات سکنات کا بھی خاص خیال رکھنا ضروری ہے مثلاً بازوؤں کی حرکت، ہاتھ کی حرکت کھڑے رہنے کا طریقہ، انگلیون کی حرکت، چہرہ جو ایک آئینہ ہے جس میں دل کے جملے جذبات نظر آتے ہیں، اور چہرے کا سب سے مفید حصّہ آنکھ ہے یہی فریفتہ کرتی ہے، اور یہی متنفر بھی کرتی ہے، غصہ کے شعلے نکالتی ہے اور نرمی سے پگھل بھی جاتی ہے، اس لئے ان

سب کو نہایت ہی خوش اسلوبی کے ساتھ آخر کے دو ابواب میں ذکر کیا ہے، اور ایک طالب علم کو فنِ تقریر کے آسان گر خلاصہ کے ذیل میں بتایا ہے، جس کو یہاں بتانا مفید سمجھتا ہوں، وہ یہ ہیں۔

مضمون کا انتخاب، مواد کا جمع کرنا، مواد کی ترتیب، مضمون کا انشاء، طرزِ بیان اور حرکات و سکنات

ڈاکٹر سید محی الدین قادری زور کی تصانیف کا سلسلہ ۱۹۲۵ء شروع ہوا، اور تقریباً پچیس سال کے عرصہ دو در جن سے زائد کتابیں لکھیں اور کہیں دو سو سے زائد مضامین و مقدمات لکھے۔ ڈاکٹر سید محی الدین قادری زور جس موضوع پر بھی قلم اٹھایا اس کو تشنہ نہیں چھوڑا، بلکہ تلاش اور تحقیق سے اس موضوع کو مکمل کیا، لیکن پھر بھی ہمیں اس کتاب میں کچھ تشنگی محسوس ہوتی ہے، جیسے مجمع سے خطاب کرنے کا طریقہ، خطابی الفاظ کا استعمال، مخلوط مجمع کا لحاظ، مخالف مجمع کا لحاظ وغیرہ نکات کو شامل کرتے تو اس کتاب میں چار چاند لگ جاتے، مقدمے میں ڈاکٹر سید محی الدین قادری زور نے اس بات کا اشارہ دیا ہے کہ وہ اس کتاب کا دوسرا حصّہ شائع کرنا چاہتے ہیں شاید یہ تشنگی اس حصّے میں پوری ہوتی ہے لیکن ایسا نہ ہو سکا، کاش کہ یہ کام بعد والے کر لیتے۔

اس کتاب سے واضح ہوتا ہے کہ ڈاکٹر محی الدین قادری زورؔ صرف ایک ادیب اور نقاد ہی نہیں بلکہ بہترین مقرر بھی تھے، میں محمد بن عمر کی کتاب ڈاکٹر زور کے دیباچہ کی تحریر کا قائل ہوں جس میں لکھا ہے کہ ڈاکٹر سید محی الدین قادری زورؔ کی فطرت میں قلی قطب شاہ کی رنگینی، سرسید کا ولولہ، غالب کی متانت، حالی کی سنجیدگی، شبلی کی گہرائی، اقبال کی باریک بینی اور جوش کا الّھڑ پن ہے اور کچھ نہیں تو احقر کہتا ہے ڈاکٹر زورؔ میں زور موجود ہے۔

فنِ تقریر کا مطالعہ کرتے ہوئے یہ سوال بار بار ذہن میں آ رہا تھا کہ ڈاکٹر سید محی الدین قادری زورؔ جنھوں نے لندن سے لسانیات کی ڈگری حاصل کی، صوتیات پر مقالہ لکھا (واضح رہے کہ موضوع کے اعتبار سے اردو ادب میں یہ دونوں اوّلیت کی حیثیت رکھتے ہیں) تقریر اور فنِ تقریر کو موضوع کیوں بنایا، ڈاکٹر سید محی الدین قادری زور کی یہ کتاب ۱۹۴۰ء میں مرتب کر کے شائع کیا، اس سے قبل وہ تنقید، روحِ غالب اور اردو شہ پارے شائع کر چکے تھے، ان کتابوں کی اشاعت کے تناظر میں راقم الحروف کے ذہن میں جو سوالات اُبھر رہے تھے وہ اپنی جگہ صحیح تھے۔

الغرض دکن کا مایہ ناز سپوت باعث فخر و فرزند حیدرآباد صرف اس خطہ ہی کا نہیں بلکہ اس پورے برّ اعظیم کا نامور ادیب اور نقاد و مقرر رہے، اس کی شہرت کے چرچے اردو کے ساتھ ساتھ بیرون ہند بھی دور دور تک پھیلے ہوئے ہیں حضرت امجدؔ حیدرآبادی کی قطعہ سے اپنی اس حقیری کوشش کا اختتام کرتا ہوں۔

دکھلائیے گا حمد الٰہی کے مناظر
تا مدح کریں آپ کی ہم اور زیادہ
ہے زور کی تحریر میں کیا زورِ خداداد
اللہ کرے زورِ قلم اور زیادہ

OOO

ادارۂ ادبیات اردو آرکائیوز (محفوظات) سے متعلق دکنی ادب کی فنی تہذیبی تاریخ تحفظ اور ڈاکٹر زور

مضمون ______________ڈاکٹر سارہ وحید' ڈاکٹر یامنی کرشنا

ہندوستان کا معدوم ہوتا ہوا ماضی:

ادارۂ ادبیات اردو آرکائیوز (محفوظات) سے متعلق دکنی ادب کی فنی تہذیبی تاریخ تحفظ اور ڈاکٹر زور

تحریر: ڈاکٹر سارہ وحید اور ڈاکٹر یامنی کرشنا

مترجم: ڈاکٹر کہکشاں لطیف، اسسٹنٹ پروفیسر، شعبہ ترجمہ، مولانا آزاد نیشنل اردو یونیورسٹی، حیدرآباد

☆

شہر میں، دن کے درمیان مورخین واٹس اپ پر تبادلہ خیال کرتے ہیں:

آپ کہاں ہیں؟

میں ادارے میں ہوں؟

یہاں تو کچھ نہ کچھ سرگرمی رہتی ہی ہے۔

اوہ، میں چاہتی تھی کہ آپ کے ساتھ وہاں ہوتی! اس وقت وہاں کیا ہو رہا ہے؟

450 سال پرانی توپ یہاں ابھی آئی ہے۔ چند افراد سے ابھی یہاں لائے ہیں۔

توپ ہتھیار اور سامانِ جنگ کے طور پر کچھ اور!

ہاں، پرانے ہتھیار، قلع داروں کے وارثین انہیں فی الوقت اپنے مکانوں میں رکھنے کے خواہش مند نہیں ہیں، وہ یہ ساز و سامان رفیع صاحب کو ہدیے کی شکل میں دے رہے ہیں۔

اور بہت خوت، حیرت انگیز بات ہے، رفیع صاحب کیسے ہیں؟

وہ اچھے ہیں۔ وہ انٹرویو کے بارے میں سن کر بہت خوش ہیں۔ وہ آپ کے بارے میں دریافت کر رہے تھے۔ آپ یہاں واپس کب آرہی ہیں۔

میں وہاں اس ہفتے پہنچ رہی ہوں۔ واقعتاً میں پرعزم ہوں کہ ہمارے توسط سے ادارے کے لیے کچھ اہم کام کیا جائے۔

عین ممکن ہے کہ ہم اجس ادارے سے متعلق کسی مقالے کی تحریر کی شروعات کریں گے۔

☆

کن معلومات پر مشتمل؟ اور کون سے (محفوظات) آرکائیوز پر؟

سید رفیع الدین قادری، ادارۂ ادبیات اردو

محی الدین قادری زور کے بیٹے مین حال میں ڈیسک پر بیٹھے رہتے ہیں اور ان کے گرد و پیش تعمیری کام کرنے والے، مصور، اس کے علاوہ ان کے اردگرد بوسیدہ کتابوں اور رسائل کا ڈھیر لگا رہتا ہے۔ مین روڈ پر ٹریفک کی آواز میں ان کی آواز دب کر رہ جاتی ہے۔ وہ اس نسل کے

آخری فرد ہیں جن کی یادداشت میں یہ باتیں محفوظ ہیں کہ بیسویں صدی کے اوائل میں حیدرآباد میں ادارہ جیسے اداروں کا قیام کس طرح عمل میں آیا۔ وہ ایک نرم گفتار انسان ہیں جو ایک مخصوص واسکوٹ اور ٹوپی پہنتے ہیں۔ وہ ایک باوقار اور پرانی وضع قطع اور اقدار کے علم بردار، علمی شخصیت ہیں۔ وہ نہایت نرم دل اور متحمل مزاج انسان ہیں۔ وہ ہندوستانی تاریخ کی ان اقدار اور روایات کے امین ہیں کہ جس کی نظر موجود ماحول میں تو بالکل نہیں ملتی۔ ہندوستان میں ہر مقام پر کتب خانے اور آرکائیوس (محفوظات) کو کسی نہ کسی طرح کا خطرہ لاحق ہے۔ گویا تاریخ اب صفحہ قرطاس سے معدوم ہوتی ہوئی نظر آتی ہے۔ چنانچہ آرکائیو جیسے خود مختار اداروں کو رفیع الدین جیسے سنجیدہ موخین کا ملنا ایک حسن اتفاق ہے جنہوں نے تاریخی علم کی پاسبانی کے لیے خود کو وقف کر دیا ہو۔ اس سے متعلق واقعات پر ان کی لب کشائی نہایت خوش آئند پیش رفت ہوگی۔

ایک زمانے میں شہر کا یہ اہم ادارہ جو دکن کی علمیت کا گہوارہ تھا جس کا ایک وسیع و عریض کتب خانہ اور عجائب گھر اور ایوانِ اردو تھا۔ یہ حیدرآباد کی دیگر تہذیبی ورثوں کی طرح بدحالی کا شکار ہے۔

رفیع الدین قادری کا تعلق قندھار اور شمال دکن کے صوفی خاندان سے ہے ان کے جد امجد نے انیسویں صدی کے اواخر میں حیدرآباد کی سکونت اختیار کر لی ہے۔ ان کے والد سید محی الدین قادری زور صوفیانہ مکتبہ فکر سے متعلق روحانی اقدار کے ساتھ ساتھ اپنی خاندانی نسبت اور فلسفیانہ نظریہ، دونوں کے توسط سے علمی جستجو پر کاربند رہے۔ صوفی درگاہیں اس وقت نہ صرف روایات اور روحانی اقدار کی مراکز تھیں بلکہ علمی اختراع کا ایک اہم ذریعہ بھی ہوا کرتی تھیں۔ زور ایک جدید بصیرت کے حامل انسان تھے۔ انہوں نے حیدرآباد میں زمانی تقاضوں کے پیش نظر نہایت اعلیٰ درجے کا علمی ادارہ قایم کیا۔ بیسویں صدی کی سحر دکن میں ایک نشاۃ ثانیہ کی شروعات تھی جس کے تحت آصفیہ کتب خانہ، عثمانیہ یونیورسٹی، دائرۃ المعارف، دارالترجمہ، سالار جنگ میوزیم کا قیام عمل میں آیا اور اس کے توسط سے حیدرآباد کی تہذیب و ثقافت اور اس سے متعلق تاریخ میں ناقابل فراموش علمی اوراق کے اضافے ہوئے۔ زور نہ صرف ایک محقق اور انتظامی امور میں تجربہ کار انسان تھے بلکہ انہوں نے سینکڑوں کتابوں کی اشاعت اور سب رس رسالے کی تدوین کا کام انجام دیا۔ زور ایک ایسی شخصیت کے مالک تھے کہ جنہوں نے ادارے کی نگرانی کے ساتھ ساتھ متعدد علمی شخصیات کو ایک دوسرے سے ہم آہنگ کیا اور ان رفقا کے تعاون سے مقامی سیاست دانوں اور اعلیٰ حکام سے روابط قایم کیے۔ رفیع الدین قادری ان ہی خوبیوں کے حامل ہیں۔

ادارہ کا عجائب گھر (میوزیم)

رفیع الدین صاحب روزمرہ زندگی کے مختلف اوقات میں ادارے سے متعلق مواد اور اشیا کی پاسبانی کا فرض بڑی خوبی کے ساتھ انجام دیتے ہیں اور عمارت کے اندر بڑی احتیاط کے ساتھ چہل قدمی کرتے رہتے ہیں۔ محققین کے قصے کہانیاں سناتے وقت ان کی آنکھوں میں ایک چمک سی آجاتی ہے۔ دنیا بھر سے محققین یہاں آتے ہیں۔ وہ کہتے ہیں کہ زور کے علم میں یہ کیسے آیا کہ اتنے برسوں بعد مجھے اس دستاویز کی ضرورت پیش آئے گی! کہ کس طرح انہوں نے ان سب چیزوں کو سنبھال کر رکھا! وہ سنجیدہ ہو جاتے ہیں۔

دکن: وہ علاقہ جسے اپنے انفرادی وجود کی بقا کی جستجو:

گرچہ ہندوستان کے مقامی مورخین کو دکن کے علمی حیثیت کا علم ہے۔ اس کے باوجود اپنے حلقے سے باہر اعلیٰ درجے کی عالمی پریسوں میں یہ بات آسانی سے منظر عام پر نہیں آپاتی۔

یہ حقیقت ہے مگر مجھے محسوس ہوتا ہے کہ بدقسمتی سے ہم بھی مغرب کے لیے ہی معلومات کی اشاعت کرتے ہیں۔ ہندوستان میں تاریخ اب یک پیشے کی حیثیت سے ختم ہوتی ہوئی معلوم ہوتی ہے۔ تمام اطراف وجانب سے حملہ ہورہا ہے۔ پروپگنڈا کرنے والے موجودہ حکومت کی آئیڈیالوجی کی مناسبت سے ہی حقائق قلم بند کرتے ہیں، تعلیم کی آزادی نہ کے برابر ہے، کسی نظریہ تصویر کی کوئی حیثیت نہیں ہے۔

یہ نہایت مایوس کن بات ہے۔

ہم اس درمیان میں دکن کے بارے میں یہ تمام باتیں کیوں کررہے ہیں؟ جب کہ کسی کو بھی اس کی پرواہ نہیں ہے۔

بس مسلسل آرکائیو کا رُخ کرتے رہنا چاہیے اور لکھنے کا یہ سلسلہ جاری رہے۔

ہاں، رفیع صاحب انتظار کررہے ہیں۔

کیا وہ اس وقت وہاں موجود ہیں؟

ہاں، وہ وہاں ہیں، اس وقت،

ڈاکٹر سید محی الدین قادری زور (۱۹۰۵ء۔۱۹۶۲ء)

اور آج بھی کوئی سنجیدہ محقق اور تاریخ داں جو دکن یا حیدرآباد (جو کسی زمانے میں ہندوستان کی سب سے بڑی، دولت منداور شاہی ریاست تھی) کے بارے میں تحقیقی کام انجام دے رہا ہو تو اس کے لیے سید محی الدین قادری زور کے تمدنی وراثت کی معلومات کے بغیر مقالے کو پایہ تکمیل تک پہنچانا ناممکن ہے۔

رفیع الدین قادری سب رس کے ایک خاص شمارے میں اپنے والد محترم کے بارے میں یہ خیال پیش کرتے ہیں کہ ڈاکٹر زور نے دکن کو اس وقت آواز عطا کی کہ جس وقت ہندوستان کی تاریخ فرقہ وارانہ کشیدگی بام عروج پر تھی۔ اس وقت ڈاکٹر زور نے اسے ایک آواز عطا کی۔ ان کی آواز عوام کو معلومات کے لیے ایک تصوراتی منصوبے کی حیثیت رکھتی تھی۔ مغربی ایشیاء کے ایسے علاقے کے بارے میں کہ جس نے مذہبی، لسانی اور فرقہ وارانہ شناختوں سے بالاتر ہوکر ایک جداگانہ کردار ادا کیا اور ماضی کے حالات کوائف پیش کیے۔ یہ اعزاز زور کو حاصل ہے کہ وہ اس علاقے کی علمی تحقیق کے پہلے محقق تھے جن کے توسط سے برصغیر کی تاریخ نویسی میں دکن کو ہر لحاظ سے ایک مقام حاصل ہوا۔ زور کی تہذیبی وراثت حیران کن ہے کہ واقعتاً وہ ہندوستان کی علمی تاریخ میں مرکزی حیثیت کے حامل رہے ہیں تاہم انہیں ہندوستان کے تاریخ دانوں نے خاصا نظر انداز کیا ہے۔ ان کے بارے میں تحریر کرنا گویا اس امر کے مترادف ہے کہ جنوبی ایشیائی تاریخ اور تاریخ نویسی کے کھوئے ہوئے اوراق سے اپنے وجود کو اُجاگر کرنا اور تیزی سے معدوم ہوتے ہوئے آرکائیو کے درمیان میں اخلاقی حوالہ جاتی طرز عمل پر زور دینا۔

تاریخ میں ایک لمبے عرصے تک دکن کی حیثیت ایک امید سے لبریز علاقے کی رہی ہے جس نے مجموعی طور پر جنوبی ایشیاء اور ہندوستان کے قوم پرست ڈھانچے کے درمیان مناسبت نہ رکھنے والوں کے لیے متبادل راہوں کی پیش کش کی۔ نواب علی یاور جنگ، شیخ الجامعہ، عثمانیہ یونیورسٹی نے اپریل 1945ء میں منعقدہ دکن کی تاریخ کی پہلی کانفرنس کی پہلے اجلاس میں کہا تھا، جس کے روح رواں زور تھے کہ دکن کی تاریخ ہندوستان کی تاریخ کا ایک چھوٹا حصہ ہے کہ جس سے ہندوستانی تاریخ کے تمام اہم زاویوں کی عکاسی ہوتی ہے اور اس کا عکس ایک بڑے پردے پر نظر آتا ہے۔ جغرفیائی اتحاد کے درمیان علیحدگی، حملوں کے درمیان الگ تھلگ رہنا، یہ سب اس کی خصوصیات رہی ہیں۔ جونب کی شمالی دباو کے خلاف مزاحمت مرکز گریز طاقتوں کی مثال فراہم کرتی ہیں کہ جس نے ہندوستان پھیلاؤ اور وسعت کے مطابق حکومت قایم کرنے میں حیران کن اور کامیاب کاوشیں انجام دیں۔ یہ علاقہ خود

مختاری اور تنوع پر مبنی روح کی حیثیت رکھتا ہے اور جس کے علم بردار ادارہ اور زور رہے ہیں۔ حالاں کہ یہ اب پہلے جیسا نہیں ہے مگر حیدرآباد دکن میں آج بھی تلگو، اردو، انگریزی زبانیں مشترک ہیں جس میں مراٹھی کنڑا اور تمل کی آمیزش ہے۔

تاریخ میں خواتین، تاریخ میں خواتین کا کردار:

خواتین نے تاریخی علوم کے فروغ میں جو کردار ادا کیا ہے اسے ہندوستان میں اداراتی تاریخ کی تحریروں میں بالکل فراموش کر دیا جاتا ہے۔ اکثر و بیشتر انہیں الگ خانے میں رکھ کر ان کی کاوشوں کا جائزہ لیا جاتا ہے۔ تہنیت النسا بیگم (1911 تا 1996) کی تخلیقات پر مبنی شعری مجموعے میں وہ رقم طراز ہیں: بہت باتیں ہیں یوں تو تہنیت دنیا میں کرنے کی/ ہم اپنے شوق کی اپنی لگن کی بات کرتے ہیں۔ انہوں نے ادارے کے قیام کے لئے زمین عطیہ کے طور پر دی۔ مثنوی کے یہ اشعار ایک فرد کو خوبصورت انداز میں یاد دہانی کراتے ہیں کہ آیا وہ دنیا کے تقاضوں کے پیشِ نظر وہ خود کن راہوں پر گامزن ہے۔ وہ ایک متقی پرہیزگار خاتون تھیں جس کے ماموں فرنگی محل لکھنو میں مذہبی عالم اور دانشور تھے۔ اور والد نواب رفعت یار جنگ صوبہ دار ثانی، تہنیت النسا بیگم نے محبوبیہ گرلس ہائی اسکول میں باقاعدہ تعلیم حاصل کی تھی۔ بعد ازاں انہوں نے 1920 کے اواخر میں کیمبرج کا امتحان پاس کیا۔ اس وقت مسلم خواتین کا اس سطح پر تعلیم یافتہ ہونا ایک نمایاں کامیابی تعبیر کی جاتی تھی۔

تہنیت النسا بیگم نے کثیر تعداد میں شعری کاوشیں انجام دیں۔ ان کا اختصاص حضرت محمد ﷺ کی شان میں تعریف کی حامل صنف سخن نعت تھا۔ نعت کی ہیئت میں اشعار کہنے والی خواتین کی صف میں وہ پہلی خاتون تھیں جن کے نعتیہ مجموعہ شائع ہوے۔ ان کی نعتیہ شاعری کے تین مجموعے ہیں۔ ان میں ذکر و فکر (1955) صبر و شکر (1956) تسلیم و رضا (1959) وغیرہ قابلِ ذکر ہیں۔ تہنیت النسا بیگم نے اپنا ہر دن ادارۂ ادبیات اردو، کتب خانہ اور عجائب گھر کے کاموں کے لئے اپنے طور پر وقف کر دیا تھا۔ رفیع الدین قادری بڑے شوق سے اپنی والدہ کے بارے میں بیان کرتے ہیں کہ ادارے کی نگہداشت صرف زور ہی نہیں کرتے تھے بلکہ اس میں تہنیت النسا بیگم کا عزم حوصلہ اور سرپرستی شامل تھی۔ ادارے کے موجودہ ہال ان کی موجودگی اور ظرافت کے غماز ہیں۔ وہ محفلِ خواتین کا انعقاد کرتی تھیں جس میں دانشور اور ادبی کاوشیں انجام دینے والی خواتین شامل ہوتی تھیں۔ وہ ان کے حقوق کے لئے ہمیشہ برسرِ عمل رہتی تھیں حتیٰ کہ اس پیش قدمی میں کبھی وہ گر بھی گئی تھیں۔

ابتدائی دور میں ادارے میں صرف مرد حضرات کی ہی آمد و رفت تھی۔ ایک طویل عرصہ نہیں گزرنے پایا کہ ادارے کے کتب خانے کے دروازے خواتین کے لئے کھل گئے تھے۔ قادری اس بات کا ذکر کرتے ہیں کہاں کے والدین کی نظر میں خواتین دانشوروں کو ان کے مقام اور وقار کے لئے کام کرنا کتنا مقدم تھا۔ آج یہ امر منکشف ہو جاتا ہے کہ یہ خواتین دانشور ہی تھیں جو علم کی جستجو میں یہاں آئیں۔ یہ کہتے وقت ان کے چہرے پر نور جھلکتا ہے۔

آرکائیوز میں ایوانِ اردو کی تصویر بہ ظاہر ادارے کی عمارت سے ہی دکن کی تکثیریت اور عالمی برادری کا نظریہ جھلکتا ہے جس کی تعمیر 1955 میں نظام ٹرسٹ اور حیدرآباد کے باہر دیگر اداروں کے توسط سے، ہندوستان کی حکومت کی سرپرستی میں ہوئی تھی۔ ریاست آندھرا پردیش سے کشمیر تک۔ جس جگہ زور کی آخری آرام گاہ ہے وہاں ہند اسلامی فنِ تعمیر اور قطب شاہی گنبدوں کا سرچشمہ ہے جس میں ہندو اساطیر کے ہندی کنولوں، بہمنی جالی کا کام، مصری نیل ندی کے پھولوں کی کلیاں ہیں۔ مزید اس میں میناروں اور محرابوں کے ساتھ سامنے ایک بڑا دروازہ ہے جو ہندوستان کے بہت سے قلعوں کے دروازوں کا نمونہ پیش کرتا ہے۔

ooo

انگریزی شعرامیں قادری زور کے تصورات کی بازگشت اور ''گولکنڈہ کے ہیرے''

مضمون ____________ ڈاکٹر میتھلی مراٹ انوپ

''انگریزی شعرامیں قادری زور کے تصورات کی بازگشت اور گولکنڈہ کے ہیرے''

از: ڈاکٹر میتھلی مراٹ انوپ

مترجم: ڈاکٹر کہکشاں لطیف، اسسٹنٹ پروفیسر، شعبہ ترجمہ، مولانا آزاد نیشنل اردو یونیورسٹی، حیدرآباد

☆

محی الدین قادری زور اردو زبان وادب کے ایک تابندہ ادیب اور تخلیق کار تھے کہ جن کا تجرِ علمی لسانیات، تنقید، شاعری اور تاریخ کے میدانوں میں نہایت وسیع رہا ہے۔ اس کے علاوہ وہ بنیادی طور پر ایک محقق ہونے کے ساتھ ایک مصلح بھی تھے۔ اس مقالے میں ان کی تحریروں کے دو پہلوؤں پر روشنی ڈالنا مقصود ہے مثال کے طور پر اردو شعرا سے متعلق ان کی انگریزی تحریریں اور گولکنڈہ کے ہیرے وغیرہ۔

کثیر تعداد میں وہ دستاویزات جو قادری زور نے انگریزی میں اردو شعرا کی زندگی سے متعلق تحریر کی ہیں، نہایت اہم ہیں۔ کوئی بھی مواد انگریزی میں منتقل ہونے کے سبب کثیر تعداد میں لوگوں تک بڑی آسانی سے پہنچ جاتا ہے۔ ان کی تحریروں کا ایک چھوٹا نمونہ بھی ایک محقق اور ادیب کی حیثیت سے ان کی عظمت کو مستحکم کرنے کے لئے کافی ہے۔ کسی بھی مواد کو منظم طور پر مرتب کرنے سے اس کی فہم وفراست اور شفافیت جلوہ گر ہو جاتی ہے۔ ان کے ہاتھ کی تحریر کردہ یادداشتیں بھی قابلِ تقلید ہیں۔ مثال کے طور پر مندرجہ ذیل تحریروں کو منظم اور مرتب کرنے کے طریقِ کار کو ملاحظہ کیجئے:

1۔ مسدس حالی کی اشاعت سے قبل اردو شاعری کے بنیادی تصورات، اسباب وعلل۔

2۔ اردو شاعری کی اصلاح۔

3۔ جدید شعرا کے مختلف دبستان، ان کے رجحانات اور امتیازات۔

4۔ قدیم دبستان

a۔ ان کے رجحانات

b۔ چند ممتاز شعرا

1۔ وہ جو داغ کے ہم نوا تھے

2۔ وہ جو میر کے ہم نوا تھے

3۔ دیگر شعرا

4۔ نئے دبستان

1۔ نئے رجحانات

2۔ چند ممتاز شعرا

اردو شعرا کی زندگی کی تفصیلات ان کے طرزِ تکلم اوران کے اختصاص میں مہارت پر مبنی ان کی تحریریں نہایت اہمیت کی حامل ہیں۔ مثال کے طور پر مندرجہ ذیل اقتباس جس میں شاعر داغ کی سوانحی کوائف پیش کئے گئے ہیں:

کلبِ علی خاں کے انتقال کے بعد داغ رامپور سے متنفر ہو گئے اور 1888 میں حیدر آباد روانہ ہو گئے۔ تقریباً دو سال گزر گئے اور داغ اس موقع کا انتظار کرتے رہے کہ ان کو مرحوم نظام کے دربار میں متعارف کیا جائے۔ لیکن اس بات کی کوئی دلیل نہیں کہ انہوں نے دربار میں تھوڑی بہت شاعری کی ہو، یا کی بھی ہوگی تو بس یوں ہی۔ لیکن دربار میں ان کی آمد پر جس شان و شوکت سے ان کا استقبال کیا گیا وہ ان کے خواب و خیال میں بھی نہ ہوگا۔ نظام نے بڑی دانش مندی سے داغ کا مستقبل روشن کر دیا جس کے توسط سے انہوں نے حیدر آباد میں عیش و عشرت کی زندگی بسر کی۔

انہوں نے اپنی تحریروں میں شعرا کی تخلیقات سے متعلق تفصیلات میں کسی پہلو کو فراموش نہیں کیا ہے۔ وہ ان شعرا کی فنی مہارت کو بڑی باریک بینی کے ساتھ پیش کرتے ہیں۔ مثال کے طور پر داغ کی تخلیقات کا حوالہ دیتے ہوئے وہ رقم طراز ہیں:

ان کی شاعری کا چوتھا اور آخری مجموعہ مہتابِ داغ ہے جس کی اشاعت حیدر آباد میں ہوئی تھی۔ اس میں 8800 غزل کے اشعار ہیں، 19 رباعیات ہیں اور نظام اور ان کے وزیرِ اعظم کی مدح میں کہے گئے 100 قصائد شامل ہیں۔ ان میں 1000 قطعات پر مبنی اشعار ہیں جن میں متعدد اشعار اظہارِ مسرت اور مراثی، وقت نگاری جیسے موضوعات پر مبنی ہیں۔ ان میں کچھ مخمسات ہیں اور یوں ہی کہے گئے اشعار شامل ہیں۔

قادری زور کا اردو شاعری پر تبحر علمی اس وقت اجاگر ہوتا ہے کہ جب وہ مختلف معاصرین شعرا کا بصیرت افروز تقابل پیش کرتے ہیں۔ مثال کے طور پر:

نظیر کی غزلیں موضوع اور ہیئت کے اعتبار سے انشا اور فرات سے مماثلت رکھتی ہیں لیکن وہ آزادانہ فہم اور اظہار کے معاملے میں بالکل مختلف ہیں جب کہ انشا اور فرات کو آزادیِ اظہار کی راہ ہموار کرنے میں پابندیاں حائل تھیں۔

عظیم شاعری جس انداز میں منظرِ عام پر آتی ہے اس کی انہوں اپنی تنقیدی مہارت سے اصلاح کی اور پر تصنع الفاظ استعمال کئے بغیر شاعری کے محاسن پیش کئے۔ مشہور و معروف شاعر غالب کی تعینِ قدر میں مندرجہ ذیل اقتباس سے ان کی یہ خوبی مترشح ہوتی ہے:

اس میں کوئی شک نہیں کہ اردو غزل کے تخلیق کاروں میں غالب کا کوئی جواب نہیں بالخصوص ان کی وہ شاہ کار غزلیں جو انہوں نے غدر کے بعد لکھی ہیں۔ زندگی کے آخری ایام میں وہ میر کے حقیقی شاگرد بن گئے تھے ان حساس تجربات نے تمام شاعرانہ خوبیاں عطا کیں اور انہیں جاوداں شاعر بنا دیا۔ اگر غدر سے پہلے ذوق اور مومن کی طرح ان کا انتقال ہوا ہوتا تو انہیں قطعی اتنی شہرت حاصل نہ ہوئی ہوتی۔ بہر حال موجودہ دور میں اردو غزلوں کے حوالے سے ان کی شہرت بامِ عروج پر ہے اور تمام رنج و الم اور تضادات کے باوجود ان کی غزلوں کو شہرت حاصل ہوئی ہے۔

یہ بھی نہایت دلچسپ امر ہے کہ وہ شاعر کی استعداد کا اعتراف کرتے ہیں جس کی شہرت کے دو مختلف پہلو پیش کئے گئے ہیں۔ مذکورہ اقتباس میں اس امر کی وضاحت کی گئی ہے کہ تبدیلی حالات نے غالب جیسے شاعر کو کس طرح فراموشی کا شکار بنا دیا۔ کسی اور مقام پر وہ اس خیال کو پیش کرتے ہیں:

مجموعی طور پر حقیقتاً نظیر ایک عظیم شاعر تھے۔ یہ بڑے افسوس کی بات ہے کہ معدودِ چند ہی اس بات کا اعتراف کرتے ہیں کہ وہ ایک سنجیدہ شاعر ہیں۔ ان کی شعری تخلیقات کے مطالعے کے بعد ہر کوئی یقیناً یہی کہے گا کہ ان کی شاعرانہ حیثیت نہایت مستحکم ہے اور حقائق کی پیش کش میں انفرادیت کی حامل ہے مگر انہیں شہرت کم ملی۔

وہ بالکل تصنع آمیز الفاظ کا استعمال کئے بغیر شاعری سے متعلق اپنی رائے کا اظہار کرتے ہیں حالاں کہ فنی اعتبار یہ بات پسندیدہ نہ سہی۔ شعرا سے متعلق ان کے چند تاثرات ملاحظہ ہوں:

یہ خیال پیش کرنا مقصود تھا کہ ذوق اور ان کے معاصرین کی زبان جس نے ان کی تمام اصل خوبیوں کو ختم کر دیا وہ زبان موجودہ اردو میں برقرار رہی۔ شاید وہ اس بات سے ناواقف رہے ہوں ایسا کرنے سے ان کی شاعرانہ حیثیت باقی نہ رہ پائے گی۔

ان کی انگریزی تحریروں سے ماخوذ اقتباس کا مختصر حصہ جو اردو شعرا کے سوانحی کوائف سے متعلق فنی تاثرات پر مبنی ہے۔ اسے پیش کرنے کا مقصد یہ ہیکہ قادری زور کا محتاط طرزِ بیان اور دانشورانہ حیثیت کو اجاگر کیا جائے۔

گولکنڈہ کے ہیرے سے متعلق ایک تجرباتی بیان:

قادری زور کی دکنی تہذیب اور تاریخ سے انسیت اور ان کی تخلیقیت، تخیل کی بلند پرواز اور استعداد ان کی تحریروں میں گولکنڈہ کے ہیروں سے واضح ہو جاتی ہے۔ ان میں قطب شاہی بادشاہوں کا بیان، فنون لطیفہ خواہ وہ ادب، موسیقی یا رقص کی مختلف شکلیں ہوں، ان کی سرپرستی اور ان کو فروغ دینا اور ان موضوعات پر مشتمل تحریریں شامل ہیں۔ گولکنڈہ کی شہرت یافتہ رقاصاوں کی داستانوں کی پیش کش جو بھاگمتی سے شروع ہو کر آخری رقاصہ بالا پر اپنی انتہا کو پہنچتی ہے، وہ نہایت ہی تخیلاتی، ڈرامائی اور حیران کن ہے۔ ان شہرت یافتہ رقاصاوں کی پیش کش نے ہی مجھے گول کنڈہ کی رقاصاوں پر مبنی ڈرامہ رقص ورس پیش کرنے کی ترغیب دی۔ مندرجہ ذیل خلاصے کی پیش کش گولکنڈہ کے ہیرے پر مشتمل ہے:

قطب شاہی سلطان جنہوں نے گول کنڈہ پر حکومت کی وہ نہایت تعلیم یافتہ اور روشن خیال بادشاہ تھے جن کے دورِ حکومت میں ادب اور فنونِ لطیفہ اپنے شباب پر پہنچا۔ انہوں نے دو صدیوں تک حکومت کی اس وقت تک جب تک کہ عظیم طاقت کے حامل مغلوں نے انہیں شکست نہیں دے دی۔ اس سلطنت کے بانی اپنی ہندو رعایا کے ساتھ رحم دلی سے پیش آتے تھے اور کوئی بغیر کسی تفریق ان کے سیاسی حقوق کا خیال رکھتے تھے۔ ابراہیم قلی قطب شاہ نے تو بڑی فعالیت کے ساتھ تیلگو تہذیب اور ان کے فنونِ کی سرپرستی کی۔ مقامی زبان کی سرپرستی سے متعلق ان کی پالیسی ان کی روشن خیالی کی اہم مثال ہے۔ ابراہیم قلی قطب شاہ کو ہندو رعایا نے مالکی بھرم یا وبھور ماورابھی رام کا نام دیا تھا۔ وہ تیلگو زبان اور تہذیب کا بڑا دلدادہ تھا۔ تیلگو میں دو بڑے پربندھن بالخصوص تاپتی سمورنو پکھایانم جسے ادھانکی گاندھاروں نے وضع کیا تھا، ابراہیم قلی قطب شاہ سے منسوب تھے۔

برصغیر ہند کے مختلف علاقوں میں رقاصاوں اور گلوکاراوں کی متعدد مشہور داستانیں موجود ہیں مگر اس اعتبار سے حیدرآباد منفرد ہے کیونکہ یہ یہاں کی تاریخی آثار کا لازمی جز ہے۔ حیدرآباد کا پرانا قطب شاہی سلطان کے بھاگمتی سے عشق اور اس کے جشن کی داستان پیش کرتا ہے جس کے لئے بارہ دری کی تعمیر کی گئی تھی تا کہ تارامتی اور پریمامتی کو اپنے رقص کو پیش کر سکیں۔

حصہ اول بھاگمتی کی داستان:

بھاگمتی موضع چچلام میں پیدا ہوئی تھی یہ معروف رقاصہ چار مینار کے قریب کسی مندر میں رقص کرتی تھی وہ اپنے فن میں اتنی ماہر تھی کہ اس کا رقص دیکھتے ہی لوگ اس کے گرویدہ ہو جایا کرتے تھے۔ حالاں کہ وہ ایک عام گلوکارہ تھی جو ایک ایسے خاندان سے تعلق رکھتی تھی جس کی نہ کوئی عزت تھی اور نہ شہرت اس کے باوجود شہزادہ اس کے رقص اور حسن و جمال کا فریفتہ ہو گیا۔

حصہ دوم، گول کنڈہ کی آخری رقاصہ:

بالا خوبصورتی اور شائستگی کے اعتبار سے بے نظیر تھی۔ وہ ابوالحسن تانا شاہ اور قطب شاہی دورِ حکومت میں ایک روشن ستارہ تھی۔ تارامتی اور پریماتی کی وارث کی حیثیت سے ایک دوشیزہ جس کی چمکتی ہوئی آنکھیں، دمکتا ہوا بدن، سریلی آواز اور دلکش وضع قطع کی مالک تھی۔ اسے شاہی محل کے دربار میں کم سنی میں ہی لایا گیا جب کہ وہ بارہ سال کی تھی اور اس نے حیات بخشی بیگم کے سامنے پہلی بار اپنا رقص پیش کیا جنہوں نے اسے ہیرے اور جواہرات کے دو بڑے طبق کا تحفہ عطا کیا۔ اورنگ زیب نے کے گول کنڈہ کا محاصرے کے بعد اس نے گول کنڈہ چھوڑ دیا۔ اورنگ زیب کے دو بیٹے تھے معظم اور بخش۔ محاصرے کے بعد بالا کو قیدی بنا دیا گیا، اس وقت اس کے پاس بہت سے ہیرے اور جواہرات تھے۔ شہزادہ معظم نے سوچا کہ وہ ایک شہزادی ہے۔ اس نے بادشاہ کے سامنے رقص کرنے سے انکار کر دیا۔ اس نے کہا کہ ان کی فوج نے ان کی دنیا کو تہ و بالا کر دیا اور ان کے گھروں کے چراغ بجھا دیئے۔ کوئی فرد جو تانا شاہ کا وفادار ہو گا اسے یہ پسند نہ ہو گا کہ وہ کسی دوسرے بادشاہ کی غلامی قبول کرے۔ وہ نازو انداز کی مالک عورت تھی جسے اپنی ذہانت اور کردار پر ناز تھا۔ معظم نے اسے دہلی لے جانے کی پیش کش کی اور کہا کہ ابھی اس نے مغل دربار کا جاہ و جلال نہیں دیکھا ہے اور یہ کہ مغل بادشاہ اپنی فوجی طاقت اور سیاسی اقتدار کے علاوہ نازک اور حساس طبیعت کے حامل تھے۔ اس نے اسے یہ کہہ کر منانے کی کوشش کی کہ وہ دہلی دیکھنے کے بعد گول کنڈہ کو بھول جائے گی اور وہاں کی شہزادی بننے کے لائق ہے۔ چنانچہ اس نے یہ کہہ کر انکار کر دیا کہ مغل کس طرح ایک رقاصہ کو عزت دے سکتے ہیں جب کہ انہوں نے شہزادیوں کی ہی قدر نہیں کی۔ وہ اس کی اس بات پر بری طرح فریفتہ ہو گیا اور اس نے یہ محسوس کر لیا کہ یہ ایک حساس اور عقل مند عورت ہے اور شہزادی بنے کے لئے نہایت موزوں بھی۔ اس نے اس کا تعاقب کرنے کی حتی الامکان کوشش کی، جبکہ وہ اس حقیقت سے بھی واقف تھا کہ کہ وہ اس پر کس حد تک با اختیار تھا۔

حصہ سوم: شان و شوکت کا زمانہ: تارہ متی اور پریماتی کا ماضی:

قطب شاہی زمانے کے تارامتی اور پریماتی فن کاروں کی عبداللہ قطب شاہ کے دربار میں بڑی عزت و شہرت تھی۔ گول کنڈہ قلعے میں ایک مسجد ہے جسے تارامتی نے بنوایا تھا۔ قلع سے دور پہاڑوں پر تارامتی گن مندر ہے اور گنڈی پیٹ میں پریماتی نرتیہ مندر ہے جس میں دو رقاصاوں کے لئے جگہ چھوڑ دی گئی ہے۔ وہ وہاں رہا بھی کرتی تھیں۔ وہ دو منزلہ کالا مندر کی چھت پر گول پلیٹ فارم پر رقص کیا کرتی تھیں اور بادشاہ ان کے فن کو قلعے کی چھت پر اپنے دربار سے دیکھا کرتے تھے۔ رقص کے مقامات کا بھیڑ بھاڑ والے علاقوں اور شور غل سے الگ رکھتے ہوئے انتظام کیا جاتا تھا۔ تارامتی ایک حسین و جمیل عورت تھی جو خداداد گلوکارہ تھی۔ وہ عبداللہ قطب شاہ کی پسندیدہ طوائف تھی۔ چند محققین کے مطابق ابراہیم قطب شاہ کے زمانے میں بارہ دری کی عمارت مسافروں کی سرائے کی طرح استعمال ہوتی تھی۔ تارامتی مسافروں کے لئے گاتی بھی تھی۔ ایسے ہی کسی موقعے پر بادشاہ نے اس کا گانہ سن لیا اور اس کی محبت میں گرفتار ہو گئے۔ بادشاہ نے اس جائے رقص کو اسی شکل میں تبدیل کر دیا تاکہ سلطان اپنے قلعے سے اس کی آواز سن سکے۔ تارامتی، اور پریماتی کی میناریں قطب شاہی میناروں کے برابر ہی ہیں۔ ابراہیم قلی بھی تیلگو

تہذیب کا بڑا دل دادہ تھا۔ وجیانگارہ کے قیام کے دوران اس نے متعدد تیلگو شعرا کی سرپرستی کی جن میں گاندھارا بھی شامل ہیں۔ وہ خود نہایت روانی کے ساتھ تیلگو زبان میں گفتگو کرتا تھا۔

اس کتاب میں زمانہ ماضی اور اس دور کے فہم وادراک اور جمالیاتی مذاقِ سلیم کے حامل افراد کا تذکرہ نہایت شائستگی اور لطیف پیرائے میں پیش کیا گیا ہے۔ یہ عالمی زاویہ نگاہ وسیع النظر اور روادار تہذیب کی ضامن ہجو یہاں صدیوں سے قائم و دائم رہی ہے۔ اس کتاب کا انگریزی ترجمہ کمال رحیم الدین نے Romance of Kings and Commoners کے عنوان سے کیا ہے۔ یہ دکنی تہذیب سے متعلق ادب کے لئے ایک گوہرِ نایاب ہے۔ یہ طلبا، محققین اور فنکاروں کے لئے اصل ماخذ کی حیثیت رکھتی ہے۔ یہ اس عام آدمی کے لئے بھی اہم ہے جو حیدرآباد کی تاریخ سے متعلق معلومات حاصل کرنے کا تجسس رکھتا ہے۔

(نوٹ: مضمون نگار ڈاکٹر سید محی الدین قادری زورؔ کے انگریزی مضامین پر مبنی کتاب ترتیب دے رہے ہیں۔)

OOO

ڈاکٹر زور یوروپ میں

مضمون ______________________ نمرتا -بی- کنچن

از: نمرتا- بی- کنچن، پی ایچ ڈی اسکالر (دکنی ادبی تہذیب اور دستاویز، 1500 اور 1800 کے وسط میں)
یونیورسٹی آف ٹیکساس، آسٹن، امریکہ
مترجم: ڈاکٹر کہکشاں لطیف، اسسٹنٹ پروفیسر، شعبہ ترجمہ، مولانا آزاد نیشنل اردو یونیورسٹی حیدر آباد

☆

کوئی بھی محقق جو دکنی ادب کے مطالعے کا شائق ہے اس کا سفر اکثر و بیشتر ایوانِ اردو، حیدر آباد سے شروع ہوتا ہے، ایک ایسا ادارہ، جس میں ایک عجائب گھر یا میوزیم ہے، دستاویز پر مشتمل (محفوظات) آرکائیو اور کتب خانہ ہے، جو دکنی زبان کے دانش وروں کے لئے نہایت اہم وراثت ہے۔ یہ اداراتی کاوشیں ڈاکٹر محی الدین قادری زور کی ان تھک کوششوں سے وجود پذیر ہوئیں۔ ڈاکٹر زور ایک بسیار نویس بے تکانی کے ساتھ کام کرنے والے محقق، اور ذہین دانشور تھے۔ ڈاکٹر زور کا حیدر آباد سے نہایت گہرا رشتہ تھا۔ آج بھی ان کی دانشوری کی جڑیں نہ صرف برِصغیر میں پیوست ہیں بلکہ ان کا تعلق انگلینڈ اور فرانس سے بھی نہایت گہرا ہے۔

ہندوستان میں ابتدائی تعلیم حاصل کرنے کے بعد ڈاکٹر زور ایک جہاز پر سوار ہو کر برطانیہ چلے گئے جہاں انہوں نے لندن یونیورسٹی میں ڈاکٹر تھامس گراہم بیلی، ایک معروف ماہرِ لسانیات کی نگرانی میں ڈاکٹریٹ کا کام شروع کیا۔ انگلینڈ میں اس نوجوان حیدر آبادی محقق نے بڑے انہماک اور ثابت قدمی سے اردو ادب کی تاریخ کا آغاز و ارتقا لکھنے کا کام انجام دیا۔ انہوں نے اپنا مقالہ بعنوان: اردو اب کی تاریخ 1720 تا 1929 مکمل کیا اور حیدر آباد واپس آ گئے۔ حالانکہ اس کے برعکس دیگر معاصرین نے مابعد مغل حکومت اردو ادب کے تحت دہلی اور لکھنو کے شعرا کی تخلیقات پر توجہ مرکوز کی مگر ڈاکٹر زور نے دکن علاقے کے پرشکوہ اور متحرک پس منظر کو اجاگر کیا جسے اب تک اردو ادب کی تاریخ میں فراموش کر دیا گیا تھا۔ یہ پہلے محقق تھے کہ جنہوں نے اردو میں دکنی ادب کے بارے میں تحقیقی کام انجام دیا۔ مزید برآں یہ پہلے دانش ور تھے جنہوں نے اس موضوع پر انگریزی میں لکھا۔

ہندوستان میں سبھی جگہ آرکائیو (محفوظات) کی بڑی محنت و مشقت اور محتاط تحقیق کے بعد ڈاکٹر زور نے قیامِ لندن کے دوران برطانوی کتب خانہ ہندوستان کا دفتری کتب خانہ (انڈیا آفس لائبریری)۔ برطانوی عجائب گھر (برٹش میوزیم) کا دورہ کیا۔ یہ وہ ادارہ ہے کہ جہاں ہندوستان کے باہر کثیر تعداد میں دکنی دستاویزات موجود ہیں۔ ان کی آرکائیو سے متعلق تحقیقات انہیں اسکاٹ لینڈ میں ایڈینبرگ یونیورسٹی کے کتب خانے تک لے گئیں۔ اس تحقیق کا بیڑا اُٹھانے ان کا بنیادی مقصد یہ تھا کہ دکنی پر موجودہ مواد نہایت کم، بڑی حد تک غیر سائنسی اور اکثر و بیشتر ثانوی ذرائع سے حاصل شدہ معلومات پر مشتمل تھا۔ (بحوالہ: اردو زبان و ادب کی تاریخ 1720 تلخیص) مزید برآں انہوں نے اس امر کو منکشف کر دیا کہ کتب خانے کی فہرست میں متعدد غلطیاں ہیں۔ اس طرح ان اغلاط کو درست کرنے کی فہم کے تحت ڈاکٹر زور نے ان کتب خانوں میں اردو اور فارسی دستاویزات کی ایک محتاط تحقیق شروع کی۔ وہ نہ صرف اس مشن میں کامیاب ہوئے بلکہ

انہوں نے دکنی غیر معروف شعرا،مثنوی (بیانیہ شاعری) اور دیگر شعرا کے بیکراں خزانوں کو افشا کر دیا۔مثال کے طور پر وہ مبینہ طور پر پہلے محقق تھے جنھوں نے برطانوی کتب خانے میں قطب مشتری کی دستاویز کی بازیافت کی جسے قطب شاہی ملک الشعرا ملا وجہی نے لکھا تھا۔(وفات 1640) نیز انہوں نے متعدد مشہور و معروف شعرا کی مزید معلومات پر مبنی سوانح حیات پیش کیں،مثال کے طور پر ملا وجہی،نصرتی اور ابنِ نشاطی وغیرہ قابل ذکر ہیں۔

اس کے علاوہ ڈاکٹر زور نے پیرس کا دورہ کیا جہاں ببلو ٹیک نیشنیل یعنی کتابیات ملی میں دکنی دستاویزات کا مطالعے کی غرض سے پیرس گئے۔اس کتب خانے میں تلاش کے دوران اس محقق کو ایک گوجری مثنوی بعنوان خوب ترنگ کی دستاویز اتفاقاً حاصل ہوگئی جسے صوفی شاعر خوب محمد چشتی نے لکھا تھا۔ڈاکٹر زور نے نہ صرف اس کی بازیافت کی بلکہ اس کا ترجمہ فرانسیسی زبان میں کیا!تحقیقی سفر میں ان کی ان تھک مشقت اور ریاضت کے ساتھ دستاویزات کی تفصیلات اور ترجمے کے نکات سے ہندوستان اور یورپی زبانوں میں ان کی لیاقت منکشف ہو جاتی ہے۔کتنی عظیم ہے ڈاکٹر زور کی دانش وری اور اردو ادب کے تناظر میں ان کا نظریہ کہ جب ان کے مربی اور نگراں ڈاکٹر تھامس گراہم بیلی نے اردو ادب کی تاریخ پر مشتمل ایک کتاب بعنوان AHistory of Urdu Literature1932 میں لکھی جس میں آئرلینڈ کے پروفیسر نے دکنی ادب کی تہذیب پر ایک باب کا اضافہ کیا۔انہیں ڈاکٹر زور جیسا انسان کتاب کا پروف پڑھنے والا حاصل ہو گیا اور انہوں نے اس حیدرآبادی دانشور کے اداراتی مشوروں پر توجہ مرکوز کی۔

آج،جو محققین دکنی ادب پر تحقیقی کام کر رہے ہیں ان کے لئے یہ ضروری ہو جاتا ہے کہ انہیں نہ صرف ہندوستان کے آرکائیو (محفوظات) بلکہ برطانیہ اور فرانس کا دورہ بھی کرنا چاہئے۔میں نے بھی ہندوستان،برطانیہ اور فرانس کے آرکائیوس کا دورہ کرتے وقت ڈاکٹر زور کے نقشِ قدم کو ملحوظ رکھا۔نہ صرف دکنی ادب پر ان کی وراثت کے اہم نقوش واضح ہوتے ہیں بلکہ ان کی دانشوری اور وسیع النظر شخصیت نے برطانوی کتب خانے کی غلطیوں کو باریک بینی سے درست بھی کیا۔اگر انہوں نے یہ عزم نہ کیا ہوتا تو ہندوستان کے ایک بڑے حصے کی ادبی تہذیب صرف ایک عکس بن کر ہی رہ جاتی۔اس طرح حالانکہ ڈاکٹر زور کی دانشوری اور دستاویزات کا جمع کرنا صرف حیدرآباد کے ایوانِ اردو کے لئے جواہرات اور زیورات کی حیثیت نہیں رکھتے بلکہ ان کی وراثت کے نقوش اس ادارے کے ساتھ ساتھ یوروپی آرکائیو میں اپنی آب و تاب کے ساتھ جلوہ گر ہیں۔وہ واقعتاً ایک عالمی سطح کے محقق تھے جنھوں نے اپنے ہم نوا حضرات کا نیٹ ورک تشکیل دیا جو دکنی زبان کو عالمی اور قومی ادب کے نقشے پر پیش کرنے میں اہم آلہ کار کی حیثیت رکھتے ہیں۔

000

ڈاکٹر سید محی الدین زورؔ کے شعری تنقیدی نمونوں کا تجزیاتی مطالعہ

مضمون _______________ نظیر احمد گنائی

سید محی الدین قادری زورؔ کا سلسلہ نصب ان کے جد اعلیٰ سید شاہ سانگڑے کے واسطے سے حضرت سید احمد کبیر رفاعیؒ سے ملتا ہے۔ محی الدین قادری زورؔ ۲۸ رمضان ۱۳۲۳ ہجری بمطابق دسمبر ۱۹۰۵ء کو حیدر آباد میں پیدا ہوئے۔ ان کے والد سید غلام محمد شاہ صاحب زعمؔ تھے۔ ڈاکٹر محی الدین قادری زورؔ کا نام تاریخ ادب اُردو میں ہمیشہ زندہ و تابندہ رہے گا۔ ڈاکٹر زور دکن کے وہ نامور ادیب ہیں جنہوں نے نہ صرف ہندو پاک بلکہ بین الاقوامی شہرت حاصل کی، وہ ایک عہد ساز شخصیت تھے۔ ان کی بلند پایہ ہستی ہمہ پہلو تھی۔ وہ محقق، نقاد، سوانح نگار، افسانہ نگار، شاعر، صحافی، اعلیٰ پایہ کے استاد ہونے کے علاوہ ماہر لسانیات وصوتیات اور ماہر دکنیات تھے۔ انہیں دکنیات کا سالارِ کارواں کہا جاتا ہے۔ ۱۷ دسمبر ۱۹۶۰ء میں وظیفے پر سبکدوش ہوئے پھر چند ماہ بعد انہیں کشمیر یونی ورسٹی کے شعبۂ اُردو کا صدر مقرر کیا گیا۔ ۳۰ مئی ۱۹۶۰ء کو انہوں نے اس عہدے کا جائزہ لیا۔ دو سال تک وہاں اس عہدے پر فائز رہ کر طلبہ اور اساتذہ کو تحقیق کی طرف راغب کیا۔ ۲۴ ستمبر ۱۹۶۲ء کو کشمیر میں ہی اردو ادب کا یہ تابناک ستارہ ہمیشہ کے لیے آفاق میں گم ہو گیا۔

ڈاکٹر زور کی شخصیت ہی وہ سرچشمہ تھی جسے دکنی ادب کا چشمہ پھوٹا۔ انہیں دکن، دکن کی تاریخ، دکنی شعر وادب، دکنی تمدن، دکنی طرزِ معاشرت اور آثار سے والہانہ محبت تھی۔ بابائے اردو مولوی عبدالحق کی طرح ڈاکٹر زور نے بھی اردو زبان وادب کے لیے اپنی زندگی وقف کی تھی۔ وہ اردو کے بڑے محسن اور ادیبوں کے سرپرست بھی تھے۔ وہ اپنی ذات سے ایک انجمن ایک ادارہ تھے۔ کام کرنے کی صلاحیت اور کام لینے میں انہیں مہارت حاصل تھی۔ مخطوطہ شناسی میں انہیں یدِ طولیٰ حاصل تھا۔ قدیم مخطوطات کو پڑھنا دشوار کن مسئلہ ہے لیکن ڈاکٹر زور قدیم مخطوطات نہایت روانی اور آسانی سے پڑھا کرتے تھے۔ اس حوالے سے پروفیسر سیدہ جعفر رقم طراز ہیں:

> ''حقیقت یہ ہے کہ ڈاکٹر زور کی تحققات نے اردو ادب کی تاریخ کو ایک صدی آگے بڑھا دیا۔ دکنی ادبیات کی بازآفرینی محض چند شعری مجموعوں یا نثری کارناموں کا احیاء نہیں بلکہ ان کے ذریعہ سے ایک پوری تہذیب کو زندگی جدید اور ایک مکمل ثقافتی دور کو حیات نو عطا کی گئی۔'' [1]

ڈاکٹر زورؔ، از۔ ڈاکٹر سیدہ جعفر، ساہتیہ اکیڈیمی، ص ۳۵

آزادی سے پہلے جن شعراء کا کلام منظر عام پر آیا تو اس کلام پر حیدر آباد دکن کے اولین نقادوں نے اپنے تنقیدی خیالات کا اظہار کیا ہے۔ یہاں پر ان معروف نقادوں کا نام لینا ضروری ہے کہ جنہوں نے اپنی شناخت نہ صرف حیدر آباد دکن بلکہ دنیائے اُردو ادب میں شہرت حاصل کی۔ بابائے اُردو مولوی عبدالحق کا نام سرفہرست ہے۔ اس کے بعد جن نقادوں نے اردو شعری فن پاروں پر اپنے تنقیدی نقوش چھوڑے ہیں ان میں مولوی کریم الدین خان عطاردؔ، مولوی نصیر الدین ہاشمی، شیخ چاند، ڈاکٹر سید محی الدین قادری زورؔ، پروفیسر عبدالقادر سروری، عزیز احمد وغیرہ کا نام قابلِ ذکر ہے۔ ۱۹۵۰ء کے بعد مسلسل تنقید لکھنے والوں میں ڈاکٹر سید محی الدین قادری زورؔ کا نام اوّل درجے میں آتا ہے۔ زورؔ صاحب کے قلم

سے شعروادب پر جو تنقیدی نقوش منظر عام پر آئے ہیں وہ یہاں صفحۂ قرطاس پر لانے کی کوشش کی جائے گی۔

رضا حسین خان صاحب رشیدؔ کی کتاب ''بندہ سے خطاب'' مسدس ہیئت میں درج ہے۔ ۲۹ / اُنتیس بند پر مشتمل کتابچہ شاعر مشرق علامہ اقبالؔ کی معرکتہ الآرا نظم ''شکوہ'' کے در جواب میں لکھی گئی ہے۔ رضا حسین خان صاحب مجلّہ عثمانیہ کے مدیر بھی رہے ہیں، انہیں شعروسخن سے کافی شگف تھا۔ انہوں نے نظم، مرثیہ اور سلام بھی لکھے ہیں، مجلس میں سلام بھی پڑھتے تھے۔ ڈاکٹر سید محی الدین قادری زورؔ نے اپنے ایک مضمون بعوان ''حیدرآباد کی جدید اردو مطبوعات'' میں اس کتاب پر سیر حاصل بحث کی ہے۔ انہوں نے شاعر مشرق علامہ اقبالؔ کی مشہور نظم ''شکوہ'' کی خوبیوں پر روشنی ڈالتے ہوئے لکھا ہے کہ:

> ''اقبالؔ کا ''شکوہ'' جس حد تک معرکتہ الآرا ثابت ہوا ہے اردو ادب کا مطالعہ کرنے والے اس سے اچھی طرح واقف ہیں۔ اسی وجہ سے شاعر پر کفر کے فتوے نازل کئے گئے اور متعدد شعراء نے اس کے جواب بھی قلمبند کئے۔ غلط فہمیوں اور اختلاف آراء نے خود اقبال کو بھی ''جواب شکوہ'' لکھنے پر مجبور کیا مگر یہ ظاہر ہے کہ ''شکوہ'' کی بے تکلفی اور رائج فرمائشی نظم میں کیسے پیدا ہوسکتی تھی؟''۲

افادات زورؔ، جلد سوم، ڈاکٹر محی الدین قادری زورؔ، مرتب سید رفیع الدین قادری، ۲۰۱۶ء، ص ۵۷

اس اقتباس سے یہ ظاہر ہوتا ہے کہ نظم ''شکوہ'' اور ''جواب شکوہ'' کی خاص بات کیا ہے۔ کس طرح اردو دان طبقے نے نظم کو پسند کیا اور شاعروں نے علامہ اقبالؔ کو اس نظم کا جواب لکھنے پر کیسے مجبور کیا۔ شاعروں نے تنقیدی آرائیں پیش کیں اور اختلاف کن جوابات تحریر کئے۔ یہ بھی حقیقت ہے کہ جو بے تکلفی ''شکوہ'' میں دیکھنے کو ملی وہ ''جواب شکوہ'' میں کہاں ملتی۔ منظر عام پر آنے کے بعد یہ نظم معرکتہ الآرا ثابت ہوئی۔ ڈاکٹر زورؔ نے اس مضمون رضا حسین خان صاحب رشیدؔ کی داد پیش کرتے ہوئے کہا کہ ''بندہ سے خطاب'' کے مصنف نے ہمت کی ہے اور بہترین نظم منظر عام پر لانے میں کامیاب ہوئے ہیں۔ ساتھ ہی ڈاکٹر زورؔ نے مصنف کی بعض خوبیوں کو بھی سراہا ہے۔ انہوں نے اپنے ایک اور مضمون بعوان ''عہد عثمانی میں حیدرآباد کی اردو مطبوعات'' کے دوسرے حصے میں مولوی نوراللہ محمد صاحب نوری کی کتاب ''داغؔ'' پر اپنے تنقیدی خیالات کا اظہار اس طرح سے کیا ہے:

> ''حالات زندگی کا حصہ ابھی تشنہ ہے ان کے والد اصل میں رئیس فیروز پور جھر کہ تھے۔ لوہارد کے رئیس ان کے چچا نواب امین الدین احمد خان تھے۔ نواب شمس الدین احمد خاں لوہارد کے رئیس کبھی نہ رہے۔ اس سلسلے میں اس امر کی ضرورت تھی کہ داغ کے آباد اجداد کا ذکر وضاحت سے کیا جاتا اور مرزا غالبؔ سے ان کو جو قریبی رشتہ تھا وہ بھی بتالایا جاتا کیونکہ عام طور پر داغ کے خاندان کے متعلق غلط فہمیاں اور بدگمانیاں پھیلی ہوئی ہیں۔''۳

افادات زور، جلد سوم، ڈاکٹر محی الدین قادری زورؔ، مرتب سید رفیع الدین قادری، ۲۰۱۶ء، ص ۱۰۱

متذکرہ بالا اقتباس سے یہ معلوم ہوتا ہے کہ داغؔ دہلوی مرزا اسداللہ خان غالبؔ کے رشتے داروں میں سے ہیں۔ ڈاکٹر زورؔ نے مصنف پر یہ تنقید کی ہے کہ داغؔ کے خاندان کے متعلق پورا حصہ ہونا چاہیے تھا تاکہ داغؔ کے خاندان کے متعلق بدگمانیاں اور غلط فہمیاں دور ہوجاتیں

۔ساتھ ہی مرزا غالبؔ سے ان کے خاندانی رشتے کے تعلق کا بھی پتہ چلتا۔ڈاکٹر سید محی الدین قادری زورؔ صاحب نے ایک اور مضمون بعنوان ''مطبوعہ سب رس بابتہ مئی ۱۹۴۶ء'' میں نواب مرزا جعفر علی خان اثر لکھنوی کی کتاب نغمۂ جاوید پر اپنے تنقیدی خیال کو بیان کرتے ہوئے لکھا ہے کہ:

> ''اس نظم کے پڑھنے سے یہ نہیں معلوم ہوتا کہ یہ کتاب کسی قدیم نظم کا ترجمہ ہے۔اسلوب بیان اور زبان کی حلاوت ہر بیت میں موجود ہے۔کتاب کی ابتداء میں متعدد اصحاب مثلاً سر کیلاس نارائن ہاکسر، راجہ نرنیدر ناتھ گنگا شنکر اور گنگا ناتھ شرما کی تحریریں بطور تعارف و پیش لفظ دیباچہ شریک کی گئی ہیں جو اثر جیسے اعلی پایہ شاعر کے تعارف کے لیے غیر ضروری بلکہ غیر موزوں نظر آتی ہیں۔''[۴]

افاداتِ زورؔ، جلد سوم، ڈاکٹر محی الدین قادری زورؔ، مرتب سید رفیع الدین قادری، ۲۰۱۶ء، ص ۲۴۱

نغمۂ جاوید کتاب دراصل ''بھگوت گیتا'' کا آزاد منظوم ترجمہ ہے۔مندرجہ بالا اقتباس سے یہ اندازہ لگایا جا سکتا ہے کہ ڈاکٹر زورؔ نے اثر لکھنوی کی تعریفیں کس طرح کی ہیں۔کہا کہ اس نظم کو پڑھ کر یہ معلوم نہیں ہوتا ہے کہ یہ کسی قدیم نظم کا ترجمہ ہے۔کیوں کہ اس نظم میں اسلوب بیان اور زبان کی حلاوت ہر شعر میں موجود ہے۔تنقید اس چیز پر ضروری ہے کہ جن حضرات کی تحریریں تعارف و پیش لفظ یا دیباچہ میں رکھی گئی ہیں وہ اتنے بڑے شاعر کے تعارف کے لیے غیر موزوں ہیں۔ڈاکٹر سید محی الدین قادری زورؔ نے ''محمد قلی قطب شاہ کی شاعری'' کے عنوان سے ایک بہترین مضمون لکھا ہے۔اس مضمون میں ڈاکٹر زورؔ نے محمد قلی قطب شاہ کی یگانگی، قدرت، شعری فقدان، مذہبی عقیدت غرض تمام خوبیوں کو اُجاگر کیا ہے وہ لکھتے ہیں کہ:

> ''محمد قلی نے ہر صنف سخن میں طبع آزمائی کی اور بعد کے آنے والے شاعروں کے لیے وہ اچھے اچھے نمونے چھوڑ گیا لیکن اس کی غزلوں میں عشق و محبت کی جو فراوانی ہے، تصور و خیال کی جو رعنائی ہے اور زبان و بیان کی جو نزاکت اور شوخی ہے اس نے اردو غزل کو اسم با مسمیٰ بنا دیا۔بعد کے زمانے میں مرزا داغؔ کی غزل میں بھرپور غزلیت ملتی ہے اور سمجھا جاتا ہے کہ انہوں نے غزل کو صحیح معنوں میں حسن و عشق کی زبان بنا دیا تھا۔مگر محمد قلی کی غزلیں پڑھنے کے بعد ایسا معلوم ہوتا ہے کہ اس نے مرزا داغؔ سے زیادہ اس صنف سخن میں کمال پیدا کیا تھا اور طالب و محبوب کی گفتگو میں وہ بے ساختگی اور سوز و گداز پیدا کر دیا تھا جو بعد مرزا داغؔ کو دوبارہ نصیب ہوا تھا۔''[۵]

افاداتِ زور، جلد دوم، ڈاکٹر محی الدین قادری، مرتب، سید رفیع الدین قادری، ۲۰۱۵ء، ص ۳۴۳۔۳۴۴

مندرجہ بالا اقتباس سے یہ بات واضح ہوجاتی ہے کہ ڈاکٹر سید محی الدین قادری زورؔ نے محمد قلی قطب شاہ اور مرزا داغؔ دہلوی کے مابین تقابل کر کے ان دونوں حضرات کی الگ الگ خوبیاں بیان کی ہیں۔اس مضمون میں کئی جگہوں پر مماثلت اور تنقیدی اشارات بھی ملتے ہیں۔اردو کے پہلے صاحب دیوان شاعر محمد قلی قطب شاہ نے اردو غزل کا دائرہ اور اس کی وسعت بڑھادی۔ان کی غزلوں میں عشق و محبت کی جو فراوانی

ہے شاید ہی کسی دوسرے کے ہاں اس طرح ملتی ہو۔ برسوں بعد مرزا داغؔ دہلوی کے کلام میں حسن وعشق کی زبان ان کی غزل بنی۔ محمد قلی قطب شاہ نے اس صنف فن میں داغؔ دہلوی سے زیادہ کمال حاصل کر دیا ہے۔ مگر جو چاشنی اور حلاوت محمد قلی قطب شاہ کے یہاں موجود ہے وہ مرزا داغؔ دہلوی کے ہاں دوبارہ دیکھنے کو ملی۔ ڈاکٹر سید محی الدین قادری زورؔ صاحب نے دوسرے ایک مضمون ''سراجؔ اورنگ آبادی'' میں شاعروں کے مابین مماثلت اور تنقیدی آراء پیش کی ہیں ایک مثال ملاحظہ فرمائیں:

> ''تصوف وعرفان اور شعر وسخن کا جتنا اچھا امتزاج سراج کے کلام میں ملتا ہے نہ ان سے پہلے کے کسی دکنی شاعر کے کلام میں موجود ہے اور نہ ان کے بعد کے کسی دکنی شاعر نے درجہ حاصل کیا۔ اور دکن تو کجا خود شمالی ہند میں بھی اس خصوصیت میں کوئی اردو شاعر سراج کا ہم پلہ پیدا ہوا۔ دلی میں خواجہ میر درد نے بھی سراج کے بعد یہی رنگ اختیار کیا تھا لیکن ان کا مجموعۂ کلام بہت مختصر ہے اور انہوں نے صرف ایک ہی صنف سخن میں طبع آزمائی کی اس کے برخلاف سراج نے غزلوں کے ضخیم دیوان کے علاوہ جو ''دیوان درد'' سے ضخامت میں دوگنا ہے بارہ مثنویاں اور دیگر اصناف سخن میں چھ طویل نظمیں بھی لکھیں۔'' ۶

افاداتِ زور، جلد دوم، ڈاکٹر زورؔ، مرتب، سید رفیع الدین قادری، ۲۰۱۵ء، ص ۴۰۲۔۴۰۳

مندرجہ بالا اقتباس سے یہ صاف ظاہر ہوتا ہے کہ دکنی شعراء کے ہاں تصوف کا وجدان بہت کم ملتا ہے۔ سراجؔ اورنگ آبادی نے جو کمال تصوف کی دنیا میں حاصل کیا ہے وہ کسی اور کے نصیب میں نہیں تھا۔ سراجؔ سے پہلے کسی دکنی شاعر کے یہاں تصوف وعرفان کا ظہور دیکھنے کو نہیں ملا۔ سراجؔ کی شاعری تصوف کے سمندر میں غوطہ زن ہے۔ دکنی شعراء کے بجائے شمالی ہند کے شعراء میں بھی تصوف کا صحیح شعور دیکھنے کو نہیں ملا۔ دہلی میں خواجہ میر دردؔ نے اس فن میں طبع آزمائی کی ہے مگر اس کا کلام بہت مختصر ہے۔ انہوں نے تصوف کے حوالے سے ایک ہی صنف سخن میں تصوف کے نقوش چھوڑے ہیں۔ ڈاکٹر سید محی الدین قادری زورؔ نے خواجہ میر دردؔ کو اس طرح تنقید کا نشانہ بنایا ہے کہ سراج کا صرف غزلیہ کلام دردؔ سے کے پورے دیوان سے دوگناہ بڑا ہے۔ سراجؔ اورنگ آبادی نے تصوف کے رنگ میں بارہ مثنویاں اور دیگر اصناف سخن میں چھ طویل نظمیں بھی لکھی ہیں۔ ڈاکٹر سید محی الدین قادری زورؔ اپنے ایک اور مضمون ''غالبؔ کی ذہنیت'' میں مرزا غالبؔ کے متعلق بہت ساری باتیں منظر عام پر لاتے ہیں۔ کس طرح مرزا غالبؔ اردو شاعری پر غالب رہے یا اس کی انفرادیت کیا تھی۔ ایک جگہ پر وہ غالبؔ کے رشک کی بات کرتے ہیں وہ لکھتے ہیں کہ:

> ''رشک ان سے نہیں چھوٹ سکتا ان کا رشک معمولی رقیبوں کے حلقہ تک ہی محدود نہیں رہتا بلکہ اکثر دفعہ وہ خود اپنے ہی سے رشک کرنے لگے ہیں اور اسی لیے اگر چہ معشوق کے فراق میں مرنے لگتے ہیں، لیکن رشک کی خاطر اس کی تمنا نہیں کرنا چاہتے۔ اس قدر ترقی کر جاتا ہے کہ وہ خدا سے بھی رشک کرنے لگتے ہیں۔ یہ ہے مرزا غالبؔ کی وہ خاص ذہنیت جس کی طرف ان کے اسی کلام کا بیشتر حصہ جس پر ان کی ساری عظمت کا دارومدار ہے، رہبری کرتا ہے۔'' ۷

مضامین ڈاکٹر سید محی الدین قادری زورؔ، جلد اول، مرتب، سید رفیع الدین قادری، ۲۰۰۸ء، ص ۱۹۸

مرزا غالبؔ کا یہ عالم تھا کہ وہ حسد نہیں رکھتے تھے صرف رشک کرتے تھے۔ رشک ایک اچھی چیز ہے جو انسان کو اعلیٰ منصب تک لے جاسکتی ہے۔ متذکرہ بالا اقتباس میں ڈاکٹر زورؔ اس بات کی طرف اشارہ کرتے ہیں کہ مرزا غالبؔ سے رشک کبھی چھوٹتا نہیں تھا۔ معشوق کے فراق میں مرنے لگتے تھے مگر رقیبوں کے رشک میں وصل کی تمنا نہیں کرتے تھے۔ غالبؔ کا رشک کوئی عام درجے کا رشک نہیں تھا بلکہ رشک کی انتہا کا یہ عالم تھا کہ وہ خدا سے بھی رشک کرتے تھے۔ اسی رشک نے ان کے کلام کو وہ وسعت اور وقار بخشا کہ ان کا کلام زندہ جاوید اں ہے۔ غالبؔ کا رشک ہی ان کے کلام کی عظمت و وقار بڑھتا ہے بلکہ ان کے منصب کی بھی رہبری کرتا ہے۔ ڈاکٹر سید محی الدین قادری زورؔ نے مضمون ''نواب آصف الدولہ کا شکار اور میرؔ و سوداؔ'' میں ان دو شاعروں کے کلام میں فرق اس طرح سے واضح کی ہے کہ:

> ''میر اور سودا کے اس قسم کے بیانوں کا زبردست فرق یہ ہے کہ سودا نے ہر چیز کے شکار کی صرف تعریف کردی ہے، ان کا کامل مرقع نہیں پیش کیا۔ میر نے جانور کو شکار کرنے کے متفرق طریقے بتلانے کے علاوہ شکار کے وقت کا سماں بھی آنکھوں کے سامنے جلوہ گر کردیا ہے۔''[۸]

مضامین ڈاکٹر سید محی الدین قادری زورؔ، جلد اول، مرتب، سید رفیع الدین قادری، ۲۰۰۸ء، ص ۲۲۹

متذکرہ بالا اقتباس میں ڈاکٹر زورؔ نے تقابلی تنقید کے ذریعے ان دو شعراء کے مابین تنقیدی خیالات کا اظہار کیا ہے۔ میر تقی میرؔ اور سوداؔ کے بیانوں میں کافی فرق ہے جیسے کہ سوداؔ نے نواب آصف الدولہ کے شکارگاہ کے دورانِ شکار استعمال کئے گئے ہر چیز کی صرف تعریفیں کی ہیں۔ ان چیزوں کی مکمل معرکہ آرائی پیش نہیں کی ہے۔ اس کے برعکس میر تقی میرؔ نے ہر منظر کو بہترین طریقے سے بیان کیا ہے۔ انہوں نے آصف الدولہ کے شکار کرنے کے مختلف طریقے بھی پیش کئے۔ ساتھ ہی اعلیٰ فن کا مظاہرہ کرکے منظر کشی اس طرح کی ہے جیسے کہ قاری خود شکارگاہ میں موجود ہو اور تمام حال اپنی آنکھوں سے دیکھتا ہو۔ ڈاکٹر سید محی الدین قادری زورؔ نے اسی طرح اپنے ایک اور مضمون بعنوان ''اُردو کے پیغام گو شاعر'' میں مولوی محمد حسین آزادؔ اور الطاف حسین حالیؔ کے درمیان تقابل ان لفظوں سے کیا ہے:

> ''آزاد دنیا میں شاعری کے لیے نہیں بھیجے گئے تھے۔ اگرچہ انہوں نے جو کچھ شعری تخلیق کی ہے وہ معمولی درجہ کی بھی نہیں ہے لیکن صرف اسی پر آزاد کی تمام شہرت کا دارومدار نہیں کیا جاسکتا ہے اور وہ واقعہ ہے کہ اگر آزاد کی نثری خدمات ان کی ادبی پیداوار سے علاحدہ کرلیا جائے تو پھر ان کی شخصیت کی وہ عظمت باقی نہیں رہتی جس کی خاطر آج ہم انہیں اردو کا ایک زبردست محسن اور اس کے عناصر خمسہ (سرسید ، آزاد، حالی، شبلی، نذیر احمد) میں شمار کرتے ہیں ان کی نظمیں انہیں دنیائے اردو میں ایک عظیم الشان حیات جاودوانی نہیں بخش سکتیں، اس کے برخلاف اگر حالی سے ان کے نثری کارنامے علاحدہ بھی کرلیے جائیں تو ہماری نظروں میں ان کی وہی عظمت باقی رہتی ہے۔ اگر حالی نثر میں ایک سطر بھی نہ لکھتے تو ان دنیائے اردو میں ہمیشہ روشن رہتا۔''[۹]

مضامین ڈاکٹر سید محی الدین قادری زورؔ، جلد اول، مرتب، سید رفیع الدین قادری، ۲۰۰۸ء، ص ۲۷۱

ڈاکٹر زورؔ نے کتنی آسانی سے اس اقتباس میں ہمیں ان دونوں حضرات کے کارناموں کی فرق سمجھائی ہے۔ کہ محمد حسین آزاد صرف شاعری کے لیے دنیا میں نہیں بھیجے گئے ہیں بلکہ نثری خدمات سے ان کی شہرت کا بول بالا ہوا ہے۔ انہوں نے شاعری تو بہت کم کی ہے مگر ان کا کلام اعلیٰ پائے کا ہے۔ اب اگر آزادؔ سے ان کے نثری خدمات الگ کر دیئے جائیں تو ان کی وہ عظمت برقرار نہیں رہے گی جو انہیں اردو کے عناصر خسمہ تک پہنچا گئی۔ وہ منصب ان کی نظموں سے نہیں مل سکتا جو ان کو اپنی نثری خدمات پر حاصل ہوا۔ اس کے برعکس اگر الطاف حسن حالؔی سے ان کے نثری خدمات الگ کر دیئے جائیں گے تو ان کی جگہ مسلم رہے گی اور وہی درجہ برقرار رہے گا۔ کیونکہ ان کے شعری کلام نے انہیں ایسا مقام عطا کیا ہے کہ اگر ایک سطر بھی نثر میں نہ لکھتے تب بھی ان کی پہچان دنیائے اردو ادب میں ہمیشہ برقرار رہتی۔ ڈاکٹر زورؔ نے محمد حسین پر یہ تنقید کی ہے کہ ان کا نام ان کے نثری خدمات پر ہی زندہ ہے۔ ڈاکٹر سید محی الدین زورؔ قادری زورؔ اسی مضمون میں دوسری جگہ اکبر الہ آبادی اور الطاف حسین حالؔی کے کلام کا تقابل کرتے ہوئے لکھتے ہیں:

> ''اکبر نے جو کچھ لکھا ہے اپنے ذاتی مشاہدہ کے بعد اور بعض دفعہ بیش بینی سے لکھا ہے اگر چہ حالی کی طرح ان کے دل میں قوم کا درد کوٹ کوٹ کر بھرا ہوا تھا لیکن جس طرح انہوں نے اپنے پیغام حالؔی سے بالکل مختلف قرار دیا اس کے ظاہر کرنے کا طریقہ بھی حالؔی کی طریقۂ اظہار سے بالکل علاحدہ نوعیت کا اختیار کیا اکبر جو کچھ کہتے ہیں ظرافت کے ساتھ کہتے اور حالی جو کچھ بیان کرتے ہیں سوز و گداز کے ساتھ بیان کرتے ہیں۔''[10]

مضامین ڈاکٹر سید محی الدین قادری زورؔ، جلد اول، مرتب، سید رفیع الدین قادری، ۲۰۰۸ء، ص ۲۸۱

مندرجہ بالا اقتباس سے یہ صاف ظاہر ہوتا ہے کہ ڈاکٹر سید محی الدین قادری زورؔ نے اکبر الہ آبادی اور الطاف حسین حالؔی کے درمیان فرق واضح کر دی کہ اکبر کے دل میں بھی قوم کا درد بھرا ہوا ہے مگر انہوں نے جس لہجے میں پیش کیا وہ الطاف حسین حالؔی کے برعکس ہے۔ اکبر نے جو کچھ کہا ہے وہ ظرافت کے ساتھ بیان کیا ہے مگر حالؔی نے جو بھی بیان کرتے ہیں وہ سوز و گداز کے ساتھ ہوتا ہے۔ ڈاکٹر زورؔ نے حالؔی کو اکبر پر فوقیت دی ہے اور تنقیدی نقطۂ نظر سے پرکھ کر وضاحت پیش کی ہے۔

انعام اللہ خاں یقیںؔ اظہر الدین خاں دہلوی کے فرزند اور مرزا مظہر جانِ جاناں کے شاگرد تھے۔ یقیںؔ اپنے دور کے غزل گو شاعر تسلیم کیے جاتے ہیں اور اس دور میں حاتمؔ کا نام بھی سرفہرست رہا ہے۔ مگر اس عہد کی شاعری کے ابھی کئی ایسے گوشے باقی ہیں جن پر اب تک تحقیق نہ ہوئی ہو۔ ڈاکٹر سید محی الدین قادری زورؔ نے اپنے مضمون بعنوان ''دیوانِ یقیںؔ (مخطوط۔ انڈیا آفس، کتب خانہ لندن)'' میں دیوان کے ساتھ ساتھ انعام اللہ خاں پر مفصل روشنی ڈالی ہے۔ ڈاکٹر زورؔ نے اس مضمون میں ایک جگہ انعام اللہ خاں یقیںؔ کے اعتقاد و اعتماد کی بات کرتے ہوئے یوں لکھا ہے کہ:

> ''خلوص و اعتماد کے بعد ایک درجہ وہ بھی آتا ہے کہ یقیںؔ کو اپنے استاد کی ذات پر ناز ہونے لگتا ہے اور وہ اپنی شاعری کی خوبی یا خرابی کی داد صرف انہیں سے حاصل کرنا چاہتے ہیں۔ انہیں اس کی کوئی پروا نہیں کہ کوئی دوسرا ان کے شعر سمجھتا بھی ہے یا نہیں بلکہ وہ تو یہاں تک کہہ

گزرتے ہیں کہ سوائے مظہر کے اور کوئی ان کی شاعری سے لطف بھی نہیں حاصل کر سکتا۔ کس مزے سے قسم کھلا کر کہتے ہیں:

یقین کی گفتگو کے لطف کو باللہ کب کوئی
بغیر از حضرتِ استادِ مرزا جانِ جاں سمجھے'' ۱۱

مضامین ڈاکٹر سید محی الدین قادری زورؔ، جلد اول، مرتب، سید رفیع الدین قادری، ۲۰۰۸ء، ص ۳۶۱

مندرجہ بالا سطور میں ڈاکٹر زورؔ نے انعام اللہ خاں یقینؔ کے پُر اعتماد وخلوص کی نشاندہی کی ہے۔ کس طرح یقینؔ اپنے مرشد و استاد کی ارادات رکھتے ہیں یہاں تک کہ وہ اپنی شاعری ایک طرح اپنے استاد کے نام کرتے ہیں کہ استاد ہی میری شاعری کو جانے پہچانے باقی لوگوں سے سروکار نہیں۔ کوئی ان کی شاعری کو سمجھے یا نہ سمجھے اس کی پرواہ نہیں کرتے ہیں۔ اس بات پر وہ قسم لے کر شعر بھی لکھتے ہیں یہ ثابت کرنے کے لیے کہ ان کو کتنا تسکین و آرام مل جاتا ہے اگر ان کے کلام کو ان کے اُستاد مرزا مظہرِ جانِ جاناں سمجھیں گے یا داد و تحسین پیش کریں گے۔ یقینؔ استاد کی ذات پر ناز کرتے تھے اور ان کا شاگرد ہونا خود پر فخر کرتے تھے۔ ڈاکٹر زورؔ شاعری پر اپنے تنقیدی خیالات مسلسل پیش کرتے ہوئے ''دکھنی مرثیے ایڈنبرا میں'' کے نام سے مضمون میں مرثیہ نگاروں پر اپنے تنقیدی اظہار کا بیان پیش کرتے ہوئے وہ اس مضمون میں لکھتے ہیں:

''دکنی مرثیوں کی سب سے نمایاں خصوصیت ان کا مرثیہ پن ہے اور اس حیثیت سے وہ شمال کے مرثیوں سے متفرق ہیں۔ وہ مرثیہ گوئی کے اصلی مقصد کو مدنظر رکھ کر لکھے گئے ہیں۔ ان کا مقصد رونے رلانے کے سوا کچھ نہیں بھی نہیں۔ شمال میں بھی ابتدا میں یہی رجحان تھا لیکن انیسؔ اور دبیرؔ نے اس کے رخ کو بالکل بدل دیا اور ان کے یہاں مرثیے اردو شاعروں کے اہم تر جزو بن گئے۔ اس میں بہت کم شبہ کی گنجائش ہے کہ دکن میں بھی اس طرح کا رجحان شروع ہو چکا تھا کہ مرثیہ نگاری میں رونے رلانے کے علاوہ شعریت کا بھی لحاظ رکھا جائے جیسا کہ روحیؔ، رضیؔ، قادرؔ، ندیمؔ اور نظرؔ وغیرہ کے مرثیوں سے ظاہر ہوتا ہے۔'' ۱۲

مضامین ڈاکٹر سید محی الدین قادری زورؔ، جلد اول، مرتب، سید رفیع الدین قادری، ۲۰۰۸ء، ص ۴۱۰

شمالی ہند میں انیسؔ اور دبیرؔ نے مرثیے میں جان ڈال دی اور مرثیے کی فنی لوازمات کو پورا کر دیا۔ دکنی مرثیوں کی خصوصیت صرف ان کا مرثیہ پن ہے اور ان کا مقصد رونے رُلانے کے سواء کچھ بھی نہیں، دکنی مرثیہ نگاروں کی نگاہ میں مرثیہ صرف رونے رُلانے تک ہی محدود ہے۔ مگر شمال کے مرثیہ نگاروں نے اس میں شعریت کا لحاظ بھی رکھ دیا۔ بعد میں دکن میں بھی مرثیہ کے اجزاء پر غور کیا جانے لگا اور کئی شعراء نے اپنے مرثیوں میں رونے رُلانے کے علاوہ شعریت بھی بھر دی۔ ڈاکٹر سید محی الدین قادری زورؔ نے اپنے ایک تنقیدی مضمون ''بہ نام غالبؔ'' میں چند محققین پر تنقید کی ہے کہ مرزا غالبؔ کے متعلق کوئی مطالعہ نہیں کرتے ہیں یا علم نہیں رکھتے ہیں چند چیزیں جمع کرنے سے خود کو محقق کہلاتے ہیں اور ڈاکٹر زور اس حوالے سے یوں رقم طراز ہیں:

''شاعروں اور ادیبوں نے آپ کے بارے میں کیا کیا نہ لکھا اور آپ پر کیسے کیسے بہتان نہ تراشے۔ غالباً یہ سب بھی آپ برداشت کر چکے ہیں۔ کسی نے آپ کے کلام کو الہامی قرار دیا تو کسی نے یورپ کے شعراء سے مقابلہ کر کے خرافات ثابت کیا، جہاں آپ کو رشک عرفی و فخر طالب سمجھا گیا وہیں آپ کو

انگریز حکومت کا خوشامدی اور ان الوقت بھی ثابت کیا گیا۔ آپ نے یوں تو کبھی محقق و مجتہد ہونے کا دعویٰ نہیں کیا تھا لیکن عہد حاضر کے محققوں نے آپ کی غلطیوں اور فروگذاشتوں کی تفصیلات بیان کر کے خود کو محقق منوالیا۔''۱۳

مضامین ڈاکٹر سید محی الدین قادری زورؔ، جلد دوم، مرتب، سید رفیع الدین قادری، ۲۰۰۹ء، ص ۱۱۸

اس اقتباس میں ڈاکٹر زورؔ نے وہ تمام چیزیں بیان کی ہیں جو ان کے متعلق بتائی گئی ہیں۔ مرزا غالبؔ پر شاعروں اور ادیبوں نے کیا کچھ نہیں لکھا کیسے ان پر بہتان لگائے۔ مگر مرزا غالبؔ وہ ساری باتیں برداشت کی جو ان پر لوگوں نے کی ہیں۔ کسی نے ان کے کلام کو الہامی کہا، تو کسی نے یورپ کے شعراء سے ان کا مقابلہ کر کے ان کے کلام کو خرافات کہا، کسی نے ان کو انگریزوں کا خوشامدید شاعر مانا، کسی نے اور کچھ کہا۔ غرض ہر کسی نے اپنے اپنے طرز انداز سے ان کو منفی طریقے سے پیش کیا۔ بعض ادیبوں نے ان کی غلطیوں اور لغزشوں کو مفصل طور سے بیان کر کے خود کو محقق کی صف میں کھڑا کیا۔ اس کے برعکس اگر دیکھا جائے تو مرزا غالبؔ نے کبھی اپنے آپ کو محقق یا مجتہد ہونے کا دعویٰ نہیں کیا تھا۔ پھر بھی یہ لوگ معمولی سی باتوں کو ایک مفصل باب بنا کر پیش کرتے ہیں۔ ڈاکٹر زور کے اقتباس میں ان محققوں کا نام تو درج نہیں ہے مگر انہیں تنقید کا نشانہ ضرور بنایا ہے۔

مثنوی کا آغاز دکن سے ہی ہوا ہے، دکن کی سرزمین سے کئی ایسے معتبر مثنوی نگار ابھرے ہیں کہ جنہوں نے مثنوی نگاری کو بامِ عروج بخشا۔ ہر چیز کا عروج ہوتا ہے اور بعد میں زوال بھی اسی طرح یہاں مثنوی زوال کا شکار کیوں ہوئی یہ ایک الگ موضوع ہے۔ شمالی ہند میں مثنوی کا آغاز کس طرح ہوا اس کے متعلق ڈاکٹر سید محی الدین قادری زورؔ نے اپنے مضمون ''اردو میں دکنی کا سرمایۂ مثنوی'' (ریڈیائی تقریر۔ ۵ر مئی ۱۹۵۹ء) میں زوال کے وجوہات بتاتے ہیں اور مثنوی نگاری کے متعلق یوں لکھا ہے:

''بیجاپور اور گولکنڈے کی تباہی کے بعد چند مثنویوں کے ساتھ ہی دکن کی مثنوی نگاری کا دروازہ بند ہو گیا اور شمالی ہند میں اور خاص کر لکھنؤ میں اُردو مثنوی کا ایک نیا باب شروع ہوا جس کے بانی میر حسنؔ اور دیا شنکر نسیمؔ سمجھے جاسکتے ہیں۔ اگر چہ ان سے قبل حاتمؔ، آبروؔ، میر اور سوداؔ نے بھی مثنویاں لکھی تھیں لیکن وہ فنی نقطۂ نظر سے دکنی مثنویوں کے مقابل نہیں آسکیں۔''۱۴

مضامین ڈاکٹر سید محی الدین قادری زورؔ، جلد دوم، مرتب، سید رفیع الدین قادری، ۲۰۰۹ء، ص ۳۶۹

دکن کی مثنویوں کا بول بالا پورے دنیائے اُردو ادب پر غالب ہے۔ چوں کہ یہاں کے مثنوی نگاروں نے اعلیٰ پایہ کی مثنویاں منظر عام پر لائیں اور ہزاروں کی تعداد میں مثنوی کے اشعار لکھے۔ مگر حکومت بیجاپور اور گولکنڈے کی تباہی کے بعد چند مثنویاں وجود میں آئیں۔ اس کے فوراً بعد یہاں مثنوی نگاری کا دروازہ ہی بند ہو گیا۔ دوسری طرف شمالی ہند میں مثنوی نگاری کا نیا باب ظہور پزیر ہوا۔ لکھنؤ میں مثنوی کے بانی میر حسنؔ اور پنڈت دیا شنکر نسیمؔ مانے جاتے ہیں۔ اگر چہ شمالی ہند میں حاتمؔ، آبروؔ، میر اور سوداؔ نے بھی مثنویاں لکھی تھیں پر وہ فنی نقطۂ نظر پر کھر انہیں اُتریں۔ ڈاکٹر سید محی الدین قادری زورؔ نے شمالی ہند کے پہلے مثنوی نگاروں پر یہ تنقید کی ہے۔ کہ انہوں نے دکنی مثنویوں کے مقابل اعلیٰ پایہ کی مثنویاں نہیں لکھیں اور نہ ہی وہ مثنویاں فن کے لحاظ سے بھی دکنی مثنویوں کے مقابل آسکیں۔

ooo

ڈاکٹر زور ادبی و سماجی خدمات کے آئینہ میں

رپورتاژ __________________ ڈاکٹر ناظم علی

شہر حیدرآباد فرخندہ بنیاد میں 11/جون 2022ء بروز ہفتہ ابوالکلام آزاد اورینٹل ریسرچ انسٹی ٹیوٹ حیدرآباد کے زیر اہتمام ڈاکٹر زور ادبی و سماجی خدمات کے آئینہ میں ایک روزہ ادبی سمینار کا انعقاد عمل میں آیا۔ دھوپ کی تمازت کے باوجود مہمانان و صدور جلسہ و سامعین کے آنے کا سلسلہ صبح 10 بجے سے شروع ہو گیا۔ لوگ گرمی کی وجہ سے پسینے میں شرابور ہونے کے باوجود افتتاحی حصہ اور مقالہ کے دو سشن میں اپنی اپنی نشستوں براجمان تھے اور مہمانان کے خطابات و مقالے غور سے سماعت فرما رہے تھے۔ ڈاکٹر زور پر 2005ء کے بعد یہ سمینار منعقد ہوا جس میں ان کی سماجی زندگی و علمی ادبی خدمات کا بھرپور اعتراف کیا گیا یہ جلسہ خراج تحسین و عقیدت کا معلوم ہو رہا تھا اس میں ڈاکٹر زور کے فرزند جناب سید رفیع الدین قادری اور ان کے ارکان خاندان نے شرکت کی۔ ادارہ کی تنظیم جدید ہوئی پروفیسر اشرف رفیع صاحبہ، صدر نشین، جناب غلام یزدانی صاحب، پروفیسر ایس۔اے۔شکور نائب صدر نشین و معتمد اعزازی، جناب احمد علی صاحب سابق کیوریٹر سالار جنگ میوزیم آفس سکریٹری، جناب میر احمد علی خاں صاحب اراکین عاملہ میں جناب میر کمال الدین علی خاں صاحب، جناب عزیز احمد صاحب، محترمہ رضا فاطمہ، ایس۔اے۔ سمہین قادری صاحبہ، جناب محبوب خاں اصغر صاحب، ڈاکٹر سید مصطفیٰ کمال صاحب، ڈاکٹر عسکری صفدر صاحبہ، ڈاکٹر سردار بجن سنگھ صاحب، جناب مسعود عالم صدیقی صاحب، ڈاکٹر جاوید کمال صاحب شامل تھے۔

اس سمینار میں سہیل عظیم شاعر اور جناب لطیف الدین لطیف وغیرہ نے عملی حیثیت سے خدمات انجام دی ہیں۔ انتظامات میں بھرپور حصہ لیا ہے صبح 9.30 موسم مطلع ابر آلود ہونے کی وجہ سے ٹھنڈا محسوس ہوا بعد میں دھوپ تیز ہوگئی لوگ جوق در جوق آنا شروع ہو گئے۔ افتتاحی جلسے کے ابتداء میں جناب احمد علی، معتمد عمومی سابق کیوریٹر سالار جنگ میوزیم نے خیر مقدمی کلمات ادا کیے انھوں نے کہا کہ ادارے کی کامیابی کا دارومدار اجتماعی کاوش پر منحصر ہے ادارۂ ادبیات اردو ہو ابوالکلام ہو یہ اردو زبان و ادب کی خدمات انجام دے رہے ہیں آپ نے تمام مہمانوں، صدور، مقالہ نگاروں، سامعین اور دیگر افراد کا فرداً فرداً استقبال کیا ہے ایسے جلسوں میں شرکت کرنے سے معلومات میں اضافہ ہوتا ہے۔ محمد قمر الدین سابق صدر نشین بینار یٹی کمیشن ریاست تلنگانہ نے کہا کہ ہم اردو کے کام و کاز کے لیے جمع ہوئے ہیں اردو کی ترقی کے لیے نوجوان آگے آئیں اور اردو کو گلے لگائیں اردو میں تربیت حاصل کریں ادبی اداروں کی بقاء کا دارومدار نوجوان نسل پر ہے۔ اردو رسم الخط سیکھ لیں انھوں نے دونوں اداروں کے سربراہوں کو مبارک باد دی کہ ڈاکٹر زور پر سمینار ثمر آور ثابت ہوگا اردو رسم الخط کو عام کرنا چاہیے نسل نو اردو سیکھنے میں عار محسوس نہ کریں بلکہ تربیت حاصل کر کے اپنے اسلاف کے اداروں، اثاثوں کی حفاظت ترویج اشاعت کر سکتے ہیں۔ پروفیسر ایس۔اے۔شکور نائب صدر ادارہ و سابق صدر شعبہ اردو جامعہ عثمانیہ نے کلیدی خطبہ پیش کرتے ہوئے ڈاکٹر زور اور ادارۂ ادبیات اردو پنجہ گٹہ کا تفصیلی تعارف کے علاوہ ڈاکٹر زور کے تعلیمی و ادبی کارناموں کا بیان کیے اس کے بعد مہمانوں کی گل پوشی اور مومنٹو پیش کیے گئے اور مقال ہنگاروں کو سندیں اور مومنٹو دیا گیا۔

پروفیسر سلیمان صدیقی سابق وائس چانسلر جامعہ عثمانیہ نے و سابق صدر اسلامک اسٹڈیز جامعہ عثمانیہ نے افتتاحی اجلاس کو مخاطب

کرتے ہوئے کہا کہ ہمارے اسلاف نے جو اثاثہ چھوڑا ہے نئی نسل کو عدم توجہ کی وجہ سے ختم ہونے کے قریب ہے نسل نو اردو سے عدم واقف ہے ڈاکٹر زور کی ہمہ جہت شخصیت اور سماجی علمی ادبی خدمات مثالی ہے ڈاکٹر عبداللطیف ڈاکٹر غلام یزدانی کی بھی اپنی خدمات سے حیدرآباد دکن زبان وادب میں انمٹ نقوش چھوڑے ہیں۔ ان کی بقا حفاظت نوجوانوں کا فرض بنتا ہے ہمارا اثاثہ ہمیں سنبھالنا ہے۔ عصری دور میں ڈاکٹر زور کی طرح کردار ادا کرنا چاہیے تب ہمارے اثاثے کو بچا سکتے ہیں۔ پروفیسر رحمت اللہ پرووائس چانسلر مانو نے اپنے خطاب میں کہا کہ ہمیں اپنے اثاثے پر فخر کرنا چاہیے۔ ڈاکٹر زور کی شخصیت کارناموں سے تحریک حاصل کرنا چاہیے۔ انھوں نے چار اشعار زور کے پیش کیے جس میں تقدیر و تدبیر کا تقابل ملتا ہے۔ زندگی سانس لیتی رہے گی یوں ہی زندہ دل ہنستے ہنستے گذر جائیں گے طلبہ کا رجحان عصری ٹکنیکل تعلیم کی طرف ہو گیا ہے۔ اردو خالص ہندوستانی زبان ہے اس کا موقف گم ہو چکا ہے ہماری نسل نو کو اردو سے مربوط کرنا ہوگا تب ہمارے اسلاف کا اثاثہ کی بقا ہوگی۔ ڈاکٹر سید رفیع الدین قادری فرزند زور کی ممیری بہن ریحانہ آصف صاحبہ نے چار اشعار پیش کیے جس میں اردو اور ایوان اردو کی تعریف و توصیف بیان کی گئی ہے۔ جناب غلام یزدانی سینئر ایڈوکیٹ نے ادارے کی تعریف کی اور اس کے تاریخی کردار پر روشنی ڈالی ادارۂ ادبیات اردو اور ابوالکلام آزاد انسٹیٹیوٹ کی کھوئی ہوئی بہار لوٹ کر آ سکتی ہے جب کہ نسل نو اردو سے دل لگائے اور محبت کرے۔

پروفیسر اشرف رفیع صاحبہ نے صدارتی خطاب میں کہتی ہیں کہ ڈاکٹر زور حیدرآباد دکن کے مینارنور شخصیت تھے۔ پہلے زمانے میں علم کے لیے سند حاصل کی جاتی تھی آج سند کے لیے علم حاصل کیا جا رہا ہے اور Job اولین ترجیح ہوگئی۔ ڈاکٹر زور محقق، تنقید نگار، تخلیق نگار اور ادارہ ساز تھے بہت محنت سے تحقیقی و تدوینی کام کیا حیدرآباد کے ان اداروں سے باہر کے لوگ بہت فائدہ اٹھائے۔ دست برد زمانے مخطوط متاثر ہوتے دیمک کو پرانی کتابوں سے محبت ہوتی ہے اپنے اثاثے کو ان سے بچانا ہوگا کتب بینی کا دور ختم ہو رہا ہے پڑھنے سے علم کی دولت حاصل ہوگی۔ گیان چند جین نے زور کے لسانیاتی کارنامے کے عوض انھیں لسانیات کا باوا آدم کہا ہے ڈاکٹر زور نے اردو کے آغاز پر جو نظر پیش کیے ہیں مسعود حسین خاں نے بھی اس نظریہ کو اپنا لیا اور مقدمہ تاریخ زبان اردو میں اردو دہلی مضافات میں پیدا ہوئی پیش کیا۔ اس اجلاس کی صدارت ڈاکٹر جاوید کمال نے حسن و خوبی انجام دی۔ پہلے اجلاس کی صدارت جناب سید رفیع الدین قادری زور نے کی نظامت ڈاکٹر محبوب خاں اصغر نے کی ہے۔

ڈاکٹر زرینہ پروین ڈائریکٹر تلنگانہ اسٹیٹ محکمہ آثار قدیمہ نے ڈاکٹر زور کی سماجی خدمات پر روشنی ڈالتے ہوئے کہا کہ ڈاکٹر زور اردو دکنی زبان وادب کی خدمت کے ساتھ لسانیات، صوتیات کے علاوہ غریبوں کے دُکھ درد کا خیال رکھتے تھے۔ ایوان اردو، سب رس، ان کی تخلیقات جس میں قومی یکجہتی کے عناصر ہیں سماجی یونٹ کا درجہ رکھتے ہیں سماجی مساوات یکسانیت کے قابل تھے۔ محمد قلی قطب شاہ کو سماجی Ideal کی مثال بنایا۔ جدید نسلوں کی ترقی کے قائل تھے۔ ڈاکٹر عسکری صفدر صاحبہ موظف پرنسپل گورنمنٹ ڈگری کالج حسینی علم نے ڈاکٹر زور دکنی ادب کے صفحہ اول کے محققین محسن پر مقالہ پیش کیا جس میں انھوں نے ڈاکٹر زور کے علمی و ادبی کارناموں کا بھرپور احاطہ کیا ہے۔ اپنی ذات میں ایک انجمن و ادارہ تھے۔ بہت لگتا ہے دل محبت میں اس کی وہ اپنی ذات سے ایک انجمن تھا وہ دکن کے فخر العلوم تھے۔

ڈاکٹر آمنہ تحسین صاحبہ صدر شعبہ تعلیم نسواں، مولانا آزاد نیشنل اردو یونیورسٹی نے ڈاکٹر زور کی افسانہ نگاری پر مقالہ پیش کیا ہے۔ زمانے میں Inter disciplinary تعلیمی کا رواج تھا آج بھی مروج ہے لوگ مختلف علوم وفنون سے آگاہ تھے ڈاکٹر زور ماہر سماجیات، سماجی

سائنس داں تھے ان کے افسانے مشترکہ اقدار قومی یکجہتی کا پیکر ان کے افسانوں میں دکنی تاریخی حقائق کے علاوہ نیم تاریخ قصے بھی ہیں بھاگ متی ان کے تخیل کی پیداوار ہے حقیقت سے اس کا کوئی تعلق نہیں۔

ڈاکٹر نکہت آراء شاہین موظف پرنسپل اردو اورینٹل کالج حمایت نگر نے ڈاکٹر زور کی لسانیاتی خدمات پر مقالہ تحریر کیا اور ہندوستانی لسانیات کے باوآدم کہلاتے ہیں۔حیدرآباد میں ڈاکٹر زور کی علمی و ادبی دیگر خدمات پر ڈاکٹر نکہت آراء شاہین، پروفیسر آمنہ تحسین، ڈاکٹر نادر المسدوسی نے تحقیقی کام کیا۔

ڈاکٹر ناظم علی سابق پرنسپل گورنمنٹ ڈگری کالج موڑتاڑ ڈگری کالج تلنگانہ یونیورسٹی نے ماہ نامہ سب رس کی ادبی خدمات پر مقالہ پیش کیا اور آپ نے 25 ردسمبر 1931ء کو ادارۂ ادبیات اردو قائم کیا اور ادارہ کی علمی و ادبی سرگرمیوں کی ترویج و اشاعت کارناموں کو اُجاگر کرنے کے علاوہ دکنی تہذیب تمدن اور دکنی ادب کی بازیافت کے لیے ماہ نامہ سب رس جاری کیا سب رس نے زور شناسی اقبال شناسی کا فرض انجام دیا ادبی صحافت میں خضر راہ کا کام انجام دیا اس کے مدیران میں میکش، مہندر راج سکسینہ، پروفیسر عبدالمجید صدیقی، منظور احمد منظور، میر حسن، پروفیسر مغنی تبسم، پروفیسر بیگ احساس آج کل پروفیسر ایس۔اے۔شکور وابستہ ہیں اس کے مشمولات میں انقلابی تبدیلی لا رہے ہیں سب رس 84 سال سے زبان وادب کی خدمت میں محو مشغول ہے۔

ڈاکٹر زیبا انجم صاحبہ جز وقتی لکچرار شعبہ اردو جامعہ عثمانیہ نے مقالہ ڈاکٹر زور جامعہ عثمانیہ کے انمول سپوت میں کہتی ہیں کہ زور 40 سال تک خدمت انجام دی ہیں سرنظامت جنگ سے مدد بھی حاصل کی ہے ہمیشہ پڑھنے لکھنے میں مصروف رہتے تھے۔تدریس و انتظامی خدمات مثالی لگی۔ان کے علمی و ادبی کارناموں پر تفصیلی روشنی ڈالی ہیں۔

ڈاکٹر رفیعہ سلیم، اسسٹنٹ پروفیسر شعبہ اردو سنٹرل یونیورسٹی آف حیدرآباد نے کہا کہ ڈاکٹر زور 1961-1962ء میں کشمیر میں گزاری کشمیر کے تاریخی مزارات کی زیارت کی۔کشمیر کے اردو ادیب و شاعروں پر کتابیں شائع کروائی۔ادب کو گروپ بندی سے پاک کیا۔بانو طاہرہ سعید کے تعزیتی اشعار سنائے۔

ڈاکٹر جعفر جری صدر شعبہ اردو، ساتاواہنا یونیورسٹی کریم نگر نے ادارۂ ادبیات اردو پر ایک نظر مقالے میں پیش کیا وہ کہتے ہیں ڈاکٹر زور کی ذات ایک ادارہ تھا آپ نے ادارہ کی اشاعتی خدمات پر روشنی ڈالی ادارہ کی عمارت کا سنگ بنیاد بی رام کرشنا راو نے کیا۔حمیرہ سعید انچارج پرنسپل گورنمنٹ ویمنس ڈگری کالج سنگا ریڈی نے کی۔اس سشن کے مہمان خصوصی پروفیسر نسیم الدین فریس سابق صدر شعبہ اردو، مولانا آزاد نیشنل اردو یونیورسٹی نے خطاب کرتے ہوئے کہا کہ ڈاکٹر زور نجیب الطرفین تھے حسب کے لحاظ سے سانگڑے سلطان مشکل آساںؒ مادری حسب کے اعتبار سے جامعہ نظامیہ کے بانی انوار اللہ شاہ فاروقی سے منسوب تھے ننھیال ددیال کا اظہار کیا ہے ڈاکٹر زور 20 سال کی عمر میں ''روح تنقید'' کتاب لکھی۔ادب کے تمام شعبوں میں زور دیکھا۔قلی قطب شاہ ان کا ہیرو جو ہر شناس، مردم شناس تھے۔یوم قلی تقاریب بھاگ متی کو قومی اتحاد کا رتبہ بنانا چاہیے تھا۔اتحاد بھائی چارہ کی سیکولر انسان تھے عصری دور میں ڈاکٹر زور کی بصیرت سے کام لینا چاہیے۔قومی معاشرے میں شامل ہو جانا ہے توارث اور ماحول کے انسان کی شخصیت پروان چڑھی تھی ڈاکٹر زور کا ارتقاء توارث سے ہوا ہے۔اس اجلاس کے صدارتی کلمات سید رفیع الدین قادری فرزند ڈاکٹر محی الدین قادری زور نے ادا کیے۔آپ نے سب کا شکریہ ادا کیا اور

ڈاکٹر زور کی علمی، تعلیمی، ادبی تحقیق، تدوینی، تنقیدی خدمات کا مفصل احاطہ کیا ہے۔ مختلف تعلیمی اداروں میں جو انجمن اس وقت تھی انجمن مدرسہ دھرم ونت کے انجمنوں سے وابستہ تھے۔ اس دور میں دھرونت اسکول میں اردو کی 500 تک کتابیں لکھی کہاں گئیں۔ ڈاکٹر جاوید کمال نے کنوینر کے فرائض انجام دیئے۔ محترمہ رضا فاطمہ رکن عاملہ نے باقاعدہ اردو اور انگریزی زبان میں اظہار تشکر پیش کیے۔ جناب میر احمد علی خاں صاحب نے سابق سی ای او وقف بورڈ محکمہ آندھرا پردیش نے بھی شکریہ کے فرائض انجام دیئے اور کامیابی میں ابوالکلام آزاد اورینٹل ریسرچ انسٹی ٹیوٹ حیدرآباد سے وابستہ تمام حضرات وخواتین نے اس سمینار کی کامیابی سے ہمکنار کرنے کے لیے محنت تگ و دو کی ہے۔ اس سمینار کی خاص بات یہ تھی کہ اس میں نوجواں اسکالر کو مقالے پڑھنے لیے مدعو کیا گیا۔ آیندہ بھی اس روایات کو آگے بڑھانا چاہیے کیوں کہ اردو زبان ادب کی ترویج و مستقبل کا دارو مداران نوجوانوں پر منحصر ہے اور ڈاکٹر زور کے خواب کو شرمندہ تعبیر کرنا ہو تو نسل نو کو اردو پڑھاؤ، لکھاؤ، اردو رسم الخط نوجواں نسل کو سکھائیں۔ 33 اضلاع میں اردو رسم الخط سکھانے کے مراکز قایم کیے ہیں۔ انسان کی کام سے شناخت ہے ورنہ کچھ نہیں۔ کام کرنے والے امر رہتے ہیں اس سمینار میں اردو کی سرکردہ شخصیات نے شرکت کی۔ سمینار شام 5 بجے اختتام کو پہنچا۔

موت سے بھی مریں گے نہیں زور ہم
زندگی میں جو کام کر جائیں گے

000